Martyn Lloyd-Jones

Vom Arzt zum Prediger

6

Christopher Catherwood

Christlicher Verlag
Voice of Hope

1. Auflage 2023
2. Auflage 2024

Originaltitel: From Wales to Westminster

Veröffentlicht von Christian Focus Publications
Geanies House, Fearn, Tain
Ross-shire IV20 1TW, Scotland

Eckenhagener Str. 43
51580 Reichshof-Mittelagger
www.voh-shop.de

Übersetzung: Yvonne Thomas
Lektorat und Design: Voice of Hope

Bestell-Nr. 875.436
ISBN 978-3-947102-36-5

ISBN 978-3-947102-81-5 – eBook

Soweit nicht anders vermerkt, wurden die
Bibelzitate der Schlachter-Bibel 2000 entnommen.

Inhaltsverzeichnis

Die Geschichte von Dr. Martyn Lloyd-Jones

erzählt von seinem Enkel

Feuer in Llangeitho

1

»Feuer! Feuer!«, hörte man eine Frauenstimme verzweifelt schreien. Sofort sprangen Männer, Frauen und Kinder der Nachbarschaft aus ihren Betten und starrten aus den Fenstern auf den Rauch, der aus allen Ecken und Winkeln des Gemischtwarenladens quoll.

Draußen kämpften sich Männer mit ihren Stiefeln zum Feuer vor, während sich ihre Frauen beeilten, Eimer zu organisieren. Hoffentlich war die Familie inzwischen draußen. Es würde nicht lange dauern, bis das Feuer das ganze Haus erfassen würde. Heute Nacht wehte ein heftiger Wind, und wenn dieser den Brand erst einmal beschleunigte, würde der ganze Laden bis auf die Grundmauern niederbrennen.

Während die Dorfbewohner verzweifelt Löschgeräte organisierten, schlief die Familie Lloyd-Jones tief und fest in ihren Betten und wusste nicht, dass ihr Haus und ihr Lebensunterhalt nahe daran war, in Flammen aufzugehen. Die Flammen griffen schnell auch auf den weiteren Teil des Hauses in dem hübschen kleinen walisischen Dorf Llangeitho über. Rauch kräuselte sich die Treppe hinauf zu den Schlafzimmern, in denen die Lloyd-Jones weiterhin schliefen. Zwei Jungen, Martyn, zehn Jahre alt, und Vincent, fast acht, schnarchten leise, zusammengerollt unter ihren Decken.

Auf einmal wurde Martyn halb wach. Seine Kehle schmerzte ein wenig, und seine Augen brannten. »Das stinkt ganz schön, Vincent«, stöhnte er zu seinem Bruder hinüber, als der starke Geruch des Rauchs in ihr kleines Schlafzimmer zog. Vincent nickte.

Die beiden Jungen zogen die Bettdecken über ihre Köpfe und schliefen wieder ein, nichtsahnend, was der Geruch zu bedeuten hatte und dass sie in großer Gefahr schwebten. Der stechende Geruch, durch den Martyn kurzzeitig geweckt wurde, war natürlich der Rauch des wütenden Feuers. Die Hitze war schon so stark, dass die Goldmünzen ihres Vaters unten im Laden zusammengeschmolzen waren. Ihr Vater Henry, ein Mann mit einem prächtigen Schnauzbart, schlief nebenan. Er war der Besitzer des Dorfladens. Es war sein Gemischtwarenladen, der in Flammen stand und den die Familien aus dem Ort nun verzweifelt zu retten versuchten.

»Die werden doch nicht etwa das alles verschlafen?«, schrie jemand.

»Es würde mich nicht wundern, wenn dieser Henry Lloyd-Jones eine Elefantenherde verschlafen würde, die durch Llangeitho stürmt. Hey, wach auf, Mann! Euer Leben ist in Gefahr! Macht, dass ihr rauskommt, solange ihr noch könnt!« Der örtliche Hutmacher schlug verzweifelt mit den Fäusten gegen die Tür, denn Henry hatte einen tiefen Schlaf. Überall stieg Rauch auf, und die Menschen auf der Straße fingen an zu husten, weil die Rauchschwaden nun auch ihre Lungen angriffen.

»Wachen Sie auf, Mr. Lloyd-Jones! Wachen Sie auf, oder Sie werden alle sterben!«

Es war 1 Uhr in der Nacht des 20. Januar 1910 und bitterkalt. Andere Dorfbewohner, die wegen des Feuers in Gefahr waren, weil es auf ihre Häuser überzugreifen drohte, hatten sich längst in Sicherheit gebracht, aber Mr. Lloyd-Jones und seine beiden Söhne waren noch im Haus.

Drei Männer aus den Nachbarhäusern standen, nur mit ihren langen Nachthemden bekleidet, zitternd auf der Straße.

Mrs. Magdalen Lloyd-Jones, die Mutter der Familie und Tochter eines örtlichen Landwirts, und Harold, der älteste Sohn, wurden von Freunden und Nachbarn in Sicherheit gebracht, nachdem sie es schließlich lebend aus dem brennenden Laden geschafft hatten. Langsam kam Henry zum Vorschein. Sein Gesicht war weiß wie ein Laken, als er sah, wie sein ganzes Lebenswerk in Flammen aufging.

»Feuer! Der Laden!« Seine Stimme war heiser, und er konnte die Worte kaum noch herausbringen. Dann hielt er inne: »Die Jungs, meine Söhne! Sie sind noch da drin!«

Er musste die Jungs retten! Er stürzte durch den Rauch und die Flammen zurück in den brennenden Laden und bahnte sich einen Weg durch Feuer und Rauch zum Schlafzimmer von Martyn und Vincent. Hustend und keuchend zog er den beiden verschlafenen Jungen die Decken weg. Sie litten bereits unter den Folgen der Rauchvergiftung.

Mit einem Ruck riss er die beiden Jungs aus ihren Betten. Er hielt Vincent in einem und Martyn im anderen Arm und eilte zum Fenster. Schnell setzte er Vincent am Fenster ab, und nach einem kurzen Kampf mit dem Riegel ließ er die frische Luft ins Schlafzimmer.

Sowohl Vincent als auch Martyn schnappten nach der sauberen, frischen Luft. Schnell warf Henry Martyn aus dem Fenster in die Arme eines starken Mannes, der unten auf der Straße wartete, und Vincent folgte ihm kurz danach.

Ein Freund eilte mit einer Leiter zur Stelle. Henry kletterte hinunter, gerade noch rechtzeitig. Die frische Luft, die durch das offene Fenster eindrang, schürte die Flammen und gab dem bereits lodernden Inferno neues Leben. Die drei konnten lebend gerettet werden, obwohl der Laden jetzt nur noch eine einzige Ruine war. Nachbarn eilten herbei, um dem tapferen

Vater zu helfen, seine Kinder von dem schrecklichen Anblick ihres niedergebrannten Hauses wegzubringen. Tröstende Hände klopften dem Mann auf die Schulter, und mitfühlende Augen blickten in die seinen und drückten Mitleid mit seinem Verlust aus, aber auch Erleichterung darüber, dass es nicht noch ihre Häuser getroffen hatte.

Am nächsten Morgen, als die Asche abgekühlt war und das kalte Licht des Tages der Familie offenbarte, wie knapp sie dem Feuer entkommen waren, suchten sie nach Gegenständen, die sie vielleicht retten oder bergen konnten.

Vom Gemischtwarenladen in Llangeitho blieben nur die geschmolzenen Goldmünzen übrig und ein zerbrochener und verfärbter Becher. Abgesehen von den Kleidern, die sie an ihrem Leib trugen, hatte die Familie Lloyd-Jones nichts mehr, was sie ihr Eigen nennen konnte. Das Feuer war für sie eine finanzielle Katastrophe. Andererseits hatten sie aber auch eine überwältigende Rettung erlebt. Der gnädige Gott hatte in dieser Nacht über ihnen gewacht. Sie waren alle mit dem Leben davongekommen.

Martyn, der zusammen mit seinem kleinen Bruder in jener stürmischen Januarnacht gerettet wurde, berichtete viele Jahre später von seinen Erfahrungen:

»Nach dem Brand war in Llangeitho irgendwie nichts mehr wie vorher. Obwohl wir ein neues Haus bauten und innerhalb eines Jahres dort einzogen, war alles anders. Sicher, das neue Haus war eine große Verbesserung im Vergleich zu unserem früheren Zuhause, aber es fehlte etwas, und vor allem fehlte das Gefühl von Heimat. Ich hatte das Gefühl, in einem fremden Haus zu sein und dort nur vorübergehend zu leben.«

Für solch ein Kind war das ein großes Trauma, das Martyn für den Rest seines Lebens prägen sollte.

Wären die Faustschläge des Hutmachers nicht laut genug gewesen, oder wäre Henry nicht mutig genug gewesen, nochmal durchs Feuer zu eilen, um seine Söhne zu retten, so hätten Martyn und sein jüngerer Bruder nicht überlebt. Und du würdest dieses Buch jetzt nicht lesen können. Denn ich bin Martyns Enkel, der Sohn seiner Tochter und der Autor der Biografie, die du heute in den Händen hältst. Gott hatte Martyns Leben bewahrt, und zwar für einen großen Zweck. Denn der Zehnjährige, der in jener kalten Januarnacht gerettet wurde, sollte später eine einzigartige Entwicklung nehmen, durch die Millionen von Menschen auf der ganzen Welt beeinflusst würden, auch noch viele Jahre nach seinem Tod.

Old Evans

2

David Martyn Lloyd-Jones wurde am 20. Dezember 1899 als zweiter Sohn von Henry Lloyd-Jones, einem Ladenbesitzer, und seiner Frau Magdalen, der Tochter von David Evans, einem wohlhabenden Landwirt, geboren.

Heute, wo es mehr Bildungsmöglichkeiten gibt, wäre Henry wahrscheinlich ein Professor geworden. Aber damals standen die Dinge noch ganz anders, und so wurde er stattdessen nur ein einfacher Ladenbesitzer – ein ehrenwerter Beruf, mit dem er seine Familie bis zu dem verheerenden Brand gut versorgen konnte.

Henry war ein sanftmütiger, ruhiger und liebenswürdiger Mann, der es liebte, zu lesen. Tatsächlich gab es nichts, was er mehr genoss als das einfache Vergnügen, sich mit einem guten Buch ans Kaminfeuer zu setzen und zu lesen. Martyn hingegen konnte mit Büchern nicht viel anfangen; er spielte viel lieber mit den anderen Jungen Fußball. Mit einem Ball zu spielen machte einfach viel mehr Spaß, als den Kopf in ein Buch zu stecken. Doch Martyns Abneigung gegen Bücher und das Lernen sollte sich eines Tages für immer ändern.

Die Seite der Evans, also Henry Lloyd-Jones Schwiegereltern, waren die Unternehmer in Martyns Familie. Sie waren erfolgreich und ziemlich ehrgeizig. Der alte Evans, Martyns

Großvater, hatte eine Farm, Llwyncadfor, die so groß war wie ein kleines Dorf.

Dabei handelte es sich nicht um irgendeine alte Farm, sondern sie trug den ehrenvollen Titel »Stud Farm«. Das bedeutete, dass es sich um ein Gestüt handelte, auf dem Pferde gezüchtet wurden – und Martyns Großvater war ein erfahrener Pferdezüchter. Auf Llwyncadfor gab es walisische Kaltblüter, Shire Horses und Hackneys. Jedes Pferd hatte seine eigene Box, und Martyn liebte es, in den Sommerferien beim Striegeln und Pflegen der Pferde zu helfen.

Bei den walisischen Landwirtschaftsmessen, an denen sie teilnahmen, ging das Gestüt sehr oft mit den begehrtesten Auszeichnungen und Preisen nach Hause.

Es gab auch ein ganz besonderes Pferd, das »Model« genannt wurde, weil es ein Vorzeigepferd war. Martyn war sehr stolz auf Model, denn jedes Mal, wenn dieses Pferd einen Preis gewann, war es ein Hauptpreis. Immer wenn ein Llwyncadfor-Pferd einen Preis gewann, war Martyn besonders stolz darauf. Was die Familie Evans nicht über Pferde wusste, war es auch nicht wert, zu wissen.

Manchmal machte sich das gesamte Gestüt Llwyncadfor auf den Weg zu einer Landwirtschaftsausstellung. Bei solchen Gelegenheiten reservierten sie einen ganzen Zug nur für sich und die Tiere.

Ab und zu durfte Martyn eines der sanfteren Pferde bis zur Laderampe des Bahnhofs führen. Selbst mit einem sanftmütigen Tier war das eine große Verantwortung, und Martyn war überglücklich, dass sein Großvater ihm das zutraute.

Martyns Großvater war ein so berühmter Pferdezüchter, dass die Leute ihn bewusst aufsuchten. Er war einer der besten Pferdezüchter der Gegend, und wenn man ein wirklich gutes Tier suchte, war »Old Evans«, wie er liebevoll genannt wurde, der Mann, an den man sich wenden musste. Er war im ganzen Land bekannt. Einige Pferde waren auf den Landwirtschaftsmessen so gut, dass ein ausländischer König Höflinge bis in das kleine Dorf in Wales schickte, um sie zu kaufen.

Am Ende wurde Model für die gewaltige Summe von 800 Guineas [1] an die spanische Regierung verkauft. Martyn war traurig, dass er abgegeben wurde – er war ein großartiges Pferd. Aber 800 Guineas! Großvater hatte das gut gemacht.

Eine Sache, die Martyn schnell lernte, als er sich auf dem Gestüt aufhielt, war, dass man sich nicht mit Old Evans anlegen durfte. Das Temperament seines Großvaters konnte geradezu ausarten, ebenso wie seine Vorliebe für den Alkohol.

Im Jahr 1905, etwas mehr als vier Jahre vor dem Brand, war Martyn im Alter von gerade sechs Jahren mit seiner Familie in die Nähe seines Großvaters, in das Dorf Llangeitho, gezogen. Manchmal war Old Evans zu betrunken, um das Pferd mit dem Einspänner vom Dorf zur Farm zurückzufahren. Der kleine Martyn musste dann zu Hilfe kommen und die Zügel des Pferdes übernehmen, um seinen Großvater sicher nach Hause zu bringen.

Eines Tages, kurz nach dem Brand, war Old Evans wieder einmal betrunken. Natürlich musste Martyn wieder zu Hilfe eilen. Während der alte Mann lallte und das Pferd und den Wagen kreuz und quer auf der Straße herumirren ließ, nahm Martyn schnell die Zügel in die Hand und lenkte das Pferd sanft zurück auf den richtigen Weg.

Großvater und Enkel fuhren gerade über den Feldweg, den gleichmäßigen Hufschlag des Pferdes im Ohr. Der alte Großvater murmelte irgendetwas vor sich hin. »Deinem Vater ist das Geld ausgegangen, Martyn«, begann der alte Mann.

---

1 Entspricht etwa 2545 Tageslöhnen für einen Facharbeiter.

»Was erzählt er da?«, dachte Martyn beunruhigt. »Kein Geld mehr? Sagt er das wegen des Alkohols, oder sagt er die Wahrheit?« Schließlich erkannte Martyn, dass sein Großvater die Wahrheit sagte und dass sich die ganze Familie in einer sehr schwierigen Situation befand.

Martyn hatte selbst nicht viel Geld und verstand auch nicht viel davon, aber er wusste, dass die Lage ernst war. Er selbst musste nun auch den Ernst des Lebens erkennen. Er musste Geld sparen und sein Taschengeld zur Seite legen, um zu Hause zu helfen.

Er begriff, dass das geliebte Fußballspiel, das ihm weit mehr Spaß machte, als für die Schule zu lernen, die Zukunftsaussichten seiner Familie behindern könnte. »Ich werde das Stipendium nie bekommen, wenn ich mich nicht anstrenge«, dachte Martyn. »Wenn ich das nicht bekomme, dann kann ich nicht erwarten, dass mein Vater zahlt. Wir haben einfach nicht genug Geld. Wenn ich das Stipendium nicht kriege, bekomme ich keine gute Stelle und werde meiner Familie zur Last fallen und ein Versager sein.« Martyns Großvater war, ohne es zu wissen, der Anstoß, den Martyn gebraucht hatte, um das Stipendium anzustreben.

Martyns Familie würde es sich nie leisten können, ihn auf eine weiterführende Schule zu schicken – ein Stipendium war seine einzige Chance, wenn er im Leben weiterkommen wollte. Und im Leben voranzukommen war eine Möglichkeit, seiner Familie wieder auf die Beine zu helfen.

Martyn dachte darüber nach und beschloss, dass er seine Fußballspiele einschränken musste. Er würde aufhören müssen, seine Pennys für Süßigkeiten im örtlichen Laden auszugeben. Er würde sich in der Schule wirklich anstrengen müssen – und das tat er dann auch.

Martyn hatte immer einfach nur ein Pferdepfleger sein wollen. Das Feuer brachte ihn jedoch dazu, über viele Dinge nachzudenken, und eine Sache, die sich dadurch änderte, war sein sorgloser Lebensstil. Durch das Feuer wurde die ganze Familie arm, sodass auch Martyn Verantwortung übernehmen musste. Für die Familie Lloyd-Jones änderte sich eine ganze Menge.

In seiner Familie war Martyn der mittlere der drei Jungen. Harold, der Älteste, war groß, gutaussehend und ein richtiger Dichter. Vincent war der Jüngste. Alle drei Jungen waren sehr klug, und in Wales war das damals etwas, worauf man stolz sein konnte. Niemand brauchte sich in dem kleinen Dorf dafür zu schämen, einen klugen Kopf zu haben.

Martyn hatte schon von klein auf einen besonderen Charakter. Eigentlich war er ein richtiger Schlingel. Einmal, als Vincent noch ein kleines Baby war, wollten die stolzen Eltern ein Foto von ihren drei Jungs machen lassen. Das war etwas, mit dem man im Dorf angeben konnte. Aber für den Fotografen war es alles andere als leicht. »Martyn! Hör auf, den kleinen Vincent zu kneifen! Hör auf, ihn zum Weinen zu bringen!« Während Harold sich anständig benahm und Vincent die ganze Zeit weinte, hatte Martyn ein schelmisches Grinsen im Gesicht.

Martyns Großvater war zum Teil ein furchteinflößender Mann, der vielen seiner Landarbeiter Angst einjagte. Aber er liebte seine Familie. Manchmal, wenn er eindöste, sagte jemand: »Martyn! Die Bürste!« Martyn ging dann auf Zehenspitzen hinüber und bürstete das Haar des alten Mannes. Niemand sonst traute sich das. Wie lustig diese Tage doch waren! Gute Zeiten mit guten Freunden. Glücklich, sorglos, nie langweilig. Martyn hatte trotz der Schwierigkeiten viele glückliche Erinnerungen, auf die er für den Rest seines Lebens zurückblicken konnte.

Llangeitho Erinnerungen

3

Eine Sache, die das Dorf Llangeitho damals auszeichnete, waren seine vielen unterschiedlichen Charaktere. Es gab dort Menschen, die tatsächlich Geschichten zu erzählen hatten. Diese Männer und Frauen hatten ihr ganzes Leben in dem walisischen Dorf verbracht. Keiner von ihnen war besonders weit gereist, aber sie hatten alle ein interessantes Leben geführt. Und es war spannend, ihnen zuzuhören, wenn sie davon berichteten.

Zwischen seinem Studium und all den anderen Verpflichtungen verbrachte Martyn manche Zeit mit seinen Freunden im Dorf. Oft trafen sie sich dann mit all diesen alten Menschen. Sie waren wirklich großartig. Martyn und seine jungen Freunde wurden nie müde, von ihren Streichen und Geschichten zu hören.

»Kommt! Lasst uns zuschauen, wie ›der Stiefel‹ spuckt!«

Die Dorfjungen, darunter auch Martyn, liebten es, den Dorfschmied zu besuchen. Er war nicht nur ein großartiger Hufschmied für alle Pferde der Gegend (einschließlich der prächtigen Pferde von Martyns Großvater), sondern »der Stiefel«, wie sein Spitzname lautete, war auch der beste Spucker weit und breit. Er kaute Tabak und spuckte ihn dann in große Entfernung aus. Martyn und seine Freunde fanden es toll, zu sehen, wie weit jeder einzelne Spuckversuch reichte.

»Wow, hast du den gesehen?! Was glaubst du, wie viele Meter er dieses Mal geschafft hat?« Martyn und seine Freunde saßen lange da und schauten einem Spuckrekord nach dem anderen zu. Jeder war anders und ausgefeilter als der vorherige. Martyn beschrieb den Mann als einen »Kunstspucker«. Und sein Spucken *war* eine Kunst, denn »der Stiefel« schaffte es, ein perfektes Muster aus Spucke auf dem Boden zu hinterlassen, bevor er den Laden für die Nacht schloss.

Eines Tages kam ein Bauer zu dem »Stiefel« und klagte darüber, dass seine Tochter ihre Prüfungen wieder nicht bestanden hatte. »Wenn das so weitergeht, wird sie nie auf die Tregaron Intermediate School kommen. Meine Frau und ich wissen einfach nicht, was wir noch tun sollen. Jedes Mal, wenn sie durchfällt, scheitert sie an derselben Sache – Algebra! Kannst du mir sagen, was diese Algebra ist, bei dem das Mädchen immer durchfällt?«

Der »Stiefel« lehnte sich in seinem Stuhl zurück und spuckte. »Also, es ist so. Stell dir einen Zug vor, der gerade die Stadt Aberystwyth mit dreißig Passagieren verlassen hat. Er kommt in Llanrhystyd an, zwei steigen aus und einer steigt ein. In Llanilar steigen drei aus, aber niemand steigt ein. In Tregaron steigen fünf aus und sechs ein. Dann geht es von Bahnhof zu Bahnhof, bis sie in Bronwydd Arms ankommen, wo zwölf einsteigen. Schließlich erreicht der Zug Carmarthen. Und jetzt kommt das Problem: Wie heißt der Schaffner?«

»Kein Wunder, dass das arme Mädchen scheitert«, staunte der Bauer. Der »Stiefel« war voller witziger, scharfsinniger Kommentare und Geschichten. Er wusste immer genau, was er sagen musste.

Martyn liebte auch Rhys Rowlands, vor allem seine Geschichten. Ganz gleich, zu welcher Uhrzeit er im Hause Lloyd-Jones eintraf, Henry überredete ihn immer dazu, eine Geschichte zu erzählen, und die Jungen saßen da und hörten zu. In seinen Geschichten ging es immer wieder um winzige Details, die nichts mit der eigentlichen Geschichte zu tun hatten, die er zu erzählen versuchte. Aber Rhys Rowlands war der Mann, wenn es um lokalen Klatsch, Familiengeschichten und allgemeine Informationen über die gesamte Grafschaft ging.

Du brauchtest nur zu erwähnen, dass du letzte Woche Mr. Jones aus Tregaron gesehen hast, und schon begann Rhys mit einem Erzählmarathon:

»Also, ich habe diesen Kerl vor drei Jahren kennengelernt, als ich an einem Dienstag im Februar nach Tregaron fuhr. Ich hatte die kleine gelbe Stute eingespannt – sie ist das Fohlen der alten Fuchsstute, die wir jahrelang hatten und die von dem Zuchthengst von Old Evans abstammte. Nun, ich fuhr mit der kleinen gelben Stute an dem Tag, an dem ich Mr. Jones aus Tregaron traf, und ich erinnere mich, dass der Wind, als wir fuhren, so heftig war und ein kalter Nieselregen fiel, und dann traf ich Gareth Davies, einen alten Verwandten mütterlicherseits von mir. Ihr wisst ja, das ist der, der das Mädchen aus Carmarthen geheiratet hat, dessen Mutter in der Woche vor der Hochzeit durchdrehte und die Bettpfanne nach ihrem Mann warf und ihn dabei fast erschlug. Wir dachten alle, die Hochzeit könnte abgeblasen werden; aber der alte Mann erholte sich, und die ganze Show ging weiter, als ob nichts gewesen wäre, und anscheinend geht es ihm selbst ganz gut – ohne irgendwelche Nachwirkungen …«

Der Kerl war einfach nicht zu bremsen. Man fühlte sich immer bettreif, nachdem Rhys Rowlands seine Geschichten zum Besten gegeben hatte.

Aber den alten Rhys umgab auch immer eine traurige Stimmung, und Martyn wusste, warum. Es gab da noch eine andere Geschichte – Rhys' eigene Geschichte von einem gebrochenen Herzen.

Rhys hatte sich in eine junge Frau verliebt, die er in Llanwrtyd Wells kennengelernt hatte, als er dort in einem Jahr mal seinen Urlaub verbracht hatte. Sie war wunderschön und liebenswürdig, und Rhys war von ihr hin und weg. Sie verbrachten viel Zeit miteinander – gingen spazieren, lachten und scherzten den ganzen Tag lang. Rhys hatte noch nie einen Urlaub so sehr genossen – er war so sehr verliebt.

Als er sich am Bahnhof von ihr verabschiedete, spürte Rhys, dass sie die Richtige für ihn war, und er war fest entschlossen, mit ihr in Kontakt zu bleiben. Er hatte gesagt, dass er schreiben würde – nur gab es ein Problem: Er konnte nicht schreiben. Er hatte es nie gelernt. Also musste er einen anderen Weg finden, um mit ihr in Kontakt zu bleiben. Er bat seinen besten Freund, den örtlichen Pfarrer, ihm zu helfen und dem hübschen jungen Mädchen in seinem Namen und in seinem Auftrag zu schreiben. Der Pfarrer tat dies, doch nach einiger Zeit begann er, ohne Rhys' Wissen in seinem eigenen Namen zu schreiben. Die Geschichte endete damit, dass der Pfarrer das Mädchen heiratete und nicht Rhys.

Rhys' Herz war gebrochen. Er fühlte sich verraten und ausgenutzt. Sicherlich hatte er sich selbst zum Gespött der Leute gemacht. Er fühlte sich furchtbar. Doch Rhys war schnell bereit zu vergeben, und auch sein Liebeskummer währte nicht allzu lange.

Der Pfarrer brachte seine Frau mit ins Dorf, und sie lebten glücklich bis an ihr Lebensende. Trotz der verletzenden Handlungen seines Freundes vergab Rhys ihm und setzte ihre Freundschaft fort. Niemand in der ganzen Kapelle hatte eine höhere Meinung von dem Pfarrer als Rhys selbst. Sowohl der Pfarrer als auch seine Frau waren für den Rest ihres Lebens eng mit Rhys befreundet.

Als es für den Pfarrer an der Zeit war, diese Welt zu verlassen, starb er doch tatsächlich in den Armen von Rhys Rowlands.

»Es ist wirklich unglaublich«, dachte Martyn. »In unserem Dorf und bei den Bewohnern hier in Llangeitho ist immer etwas los.«

Selbst eine einfache Besorgung konnte zu einem aufregenden, atemberaubenden Abenteuer werden.

An seinen ersten Besuch in London konnte sich Martyn noch lange erinnern. Dieses für ihn große Ereignis begann damit, dass Mr. Lloyd-Jones eines Abends zum Tee hereinkam und erzählte: »Nächste Woche ist die Ausstellung in der Londoner Landwirtschaftshalle. Ich kann einen der Jungs mitnehmen. Welcher soll es denn sein?«

Sowohl Martyn als auch sein älterer Bruder Harold wollten mitfahren. Um den Streit zu schlichten, wurde beschlossen, dass sie Lose ziehen sollten. Es sollten zwei Strohhalme gezogen werden – ein kurzer und ein langer. Wer den kurzen zog, blieb zurück. Wer den langen zog, durfte mit nach London.

Die Spannung stieg, als Harold seinen Strohhalm ziehen wollte. Martyn schaute zu, sich sehnlichst wünschend, dass sein Bruder den kurzen Strohhalm ziehen würde, was nicht gerade nett von ihm war; aber er wollte unbedingt nach London fahren.

Harold griff nach einem Strohhalm und zog daran.

Martyn johlte: »Das ist der kurze Strohhalm, der kurze Strohhalm! Ich fahre nach London.«

Harold verzog verärgert das Gesicht und warf sein Stück Strohhalm auf den Boden.

»Mach dir nichts draus, mein Sohn«, tröstete ihn Mr. Lloyd-Jones. »Es wird noch andere Ausstellungen und andere Reisen nach London geben.«

Am darauffolgenden Montag packten Martyn und sein Vater ihre Sachen zusammen und fuhren mit dem Zug ab.

Sie wollten dann am Samstag mit diesem auch wieder zurückkehren.

Martyn fühlte sich bei der Ausstellung sichtlich wohl. Abends führte sein Vater ihn zu einigen Sehenswürdigkeiten in London, bevor sie ihre Unterkunft aufsuchten.

Nur allzu schnell war es Freitagabend und deshalb Zeit, an die Rückreise nach Wales zu denken. Martyn und sein Vater begannen, ihre Sachen wieder zusammenzupacken. Doch gerade, als sie die letzten Habseligkeiten in den Koffer packen wollten, kam die Hauswirtin die Treppe hinauf, um mit Mr. Lloyd-Jones zu sprechen.

»Sir, da ist ein Herr, der Sie sprechen möchte.« Henry Lloyd-Jones ging die Treppe hinunter, um zu sehen, wer es sei.

»Oh! Es ist der Gutsherr selbst«, rief er aus, als er den Gutsherrn aus Llangeitho sah. »Willkommen, Sir. Was führt Sie hierher nach London?«

»Ich hatte einige Geschäfte in der Stadt zu erledigen und habe dabei auch beschlossen, ein Auto bei einem Händler zu kaufen. Ich hörte, dass Sie hier sind, und fragte mich, ob Sie nicht morgen mit mir nach Llangeitho zurückfahren möchten?«

»Wir wären Ihnen wirklich äußerst dankbar, Sir. Um wieviel Uhr sollen wir uns treffen?«

»Nun, meine Unterkunft ist nicht weit entfernt. Wenn wir uns morgen gegen 9 Uhr treffen, können Sie mit mir zusammen das Auto aussuchen, und dann fahren wir los.«

Martyns Vater sah ein wenig überrascht aus. Er hatte gedacht, dass das Auto bereits gekauft sei; aber wie sich herausstellte, hatte der Gutsherr noch nicht einmal eins ausgesucht. Am nächsten Morgen zogen Martyn und sein Vater also durch die verschiedenen Autohäuser Londons und sahen sich viele verschiedene Automodelle an. Autos aus Frankreich, Deutschland, Italien und vielen anderen Ländern.

Sie mussten lange warten, bis der Gutsherr sich entschieden hatte. Das eine Auto war zu teuer oder nicht groß genug, das andere hatte nicht das richtige Dach, das nächste nicht die passende Farbe. Es war keine leichte Aufgabe, und der Gutsherr konnte sich nicht entscheiden.

Die Zeit verging, sodass es inzwischen schon Nachmittag geworden war. Als sie bei einem Autohaus in der Nähe von der King's Cross ankamen, entdeckte der Gutsherr schließlich ein Auto, das ganz nach seinem Geschmack war. Es war ein italienisches Modell, ein Darracq, gebaut von Alfa Romeo. Zu behaupten, es sei in gutem Zustand, wäre eine große Übertreibung gewesen. Es sah gebraucht und abgenutzt aus.

Martyn sah zu, wie der Gutsherr mit dem Besitzer der Werkstatt verhandelte und dann einen Scheck über den Betrag unterschrieb. Hinter ihm hörte er, wie einige Passanten den Zustand des Wagens kommentierten: »Ich würde mit diesem Auto keine fünfzig Meilen ins Land fahren, selbst wenn man mir 50 Pfund zahlen würde.«

Martyn drehte sich um, um zu sehen, wer sich über das Auto unterhalten hatte. Er fühlte sich jetzt ein wenig unwohl bei dem Gedanken an die Heimreise. In diesem Moment öffneten der Gutsherr und sein Vater den Kofferraum und legten ihr Gepäck hinein. Martyn rannte zu seinem Vater und wollte ihm gerade erzählen, was die Leute über das Auto gesagt hatten, als Mr. Lloyd-Jones ihn, ebenfalls besorgt, anwies: »Gut, Martyn, setz dich hinten rein, mein Sohn, und dann sind wir auch schon bald unterwegs. Es ist eine ganz schön weite Strecke, und wir wollen nicht zu spät in die Nacht hinein fahren.«

Martyn hüpfte hinein und beschloss, dass es jetzt zu spät sei, dem Käufer zu sagen, dass einige Leute sein Auto für ein Wrack auf Rädern hielten. Er rechnete schnell nach. Sie hatten eine Reise von 300 Meilen vor sich. Hoffentlich würden sie zum Abendessen zu Hause sein. Doch kaum hatten sie die Vororte Londons hinter sich gelassen, bekamen Martyns Hoffnungen den ersten kleinen Dämpfer. Phizz ... kam es von einem der Hinterreifen. Sie hatten eine Reifenpanne.

»Also gut«, seufzte Martyns Vater. »Ich werde den Ersatzreifen aus dem Kofferraum holen. Wir sind bald wieder auf dem Weg.«

Der Gutsherr sah verlegen aus. »Ich fürchte, ich habe das Auto ohne einen Ersatzreifen gekauft. Ich hatte vor, einen Ersatzreifen zu besorgen, wenn wir wieder in Llangeitho ankommen.«

Der Vater riet Martyn, in ein nahegelegenes Hotel zu gehen und sich am Feuer aufzuwärmen, während er und der Gutsherr den platten Reifen flickten.

Später an diesem Abend setzten sie ihre Reise fort, mussten aber bald feststellen, dass Reifenpannen an der Tagesordnung waren, und zwar so häufig, dass sie ignoriert werden mussten, wenn sie es überhaupt noch bis nach Wales schaffen wollten.

Der nächste Halt war am folgenden Morgen um 7 Uhr in der High Street von Oxford, als alle vier Reifen platt waren und ersetzt werden mussten.

Der Gutsherr stieg aus dem Auto und schlug frustriert auf die Motorhaube, bevor er sich aufmachte, um den Besitzer eines örtlichen Fahrrad- und Reifengeschäfts in der High Street namens W.R. Morris zu wecken.

Mr. Morris war überglücklich, als er einen Auftrag über vier nagelneue Reifen erhielt. Er hatte die ganze Woche über nichts zu tun gehabt. Der Gutsherr bezahlte die neuen Reifen und Schläuche, und nach dem Frühstück im Randolph Hotel machten sie sich wieder auf den Weg.

»Nächster Halt: Gloucester«, rief der Gutsherr Martyn zu, der zusammengerollt auf dem Rücksitz des Wagens lag.

Keiner von ihnen hatte in der ganzen Nacht auch nur ein Auge zugetan. Sie waren alle erschöpft.

Das Hauptproblem bei der Fahrt an diesem Sonntagmorgen war die extreme Dezemberkälte. Das Auto war den Elementen völlig ausgeliefert. Martyn kauerte auf dem Boden, um Schutz zu finden. Die beiden anderen saßen da und froren.

Sie erreichten Abergavenny rechtzeitig zum Abendessen am Sonntagabend, aber erst nachdem das Auto die Brecon Road hinaufgeklettert war. Da die Brecon Road sehr steil anstieg, mussten Martyn und sein Vater den Hügel zu Fuß erklimmen. Der Gutsherr erreichte mit dem Auto den Gipfel, wo er auf sie wartete, bis sie sich schnaufend und keuchend nach oben gekämpft hatten. Was für eine Reise!

Mrs. Lloyd-Jones wurde während der Reise regelmäßig per Telegramm über ihre Fortschritte informiert, und als sie schließlich am Montag gegen 21 Uhr in Llangeitho ankamen, wurden die drei sehr müden Reisenden von einer Schar von Dorfbewohnern empfangen. Sie waren zwei Tage lang gefahren, und nur einmal war das Fahrzeug von der Straße abgekommen, weil der Fahrer am Steuer eingeschlafen war.

Alle jubelten, als sie aus dem Auto stiegen. Harold kam und klopfte Martyn auf den Rücken. Die »siegreichen Helden« waren zurückgekehrt. Das war eine Geschichte, die noch einige Wochen lang an den warmen Kaminen von Llangeitho erzählt wurde.

Etwas, das Martyn ebenfalls sehr liebte, war, mit seinem Vater mit dem Pferd und der Kutsche auszufahren. Eines Tages beschloss sein Vater, zwei alten ledigen Bauern einen Besuch abzustatten. Die beiden waren Brüder und lebten etwa sechs Meilen außerhalb des Dorfes Llangeitho.

Martyn besuchte gern diese beiden alten Bauern, denn sie hatten zwei ganz unterschiedliche Charaktere und waren außerordentlich humorvoll. Dieser Besuch erwies sich als ebenso unterhaltsam.

Die beiden Brüder waren für ihre Meinungsverschiedenheiten bekannt. Der ältere der beiden war konservativ und mochte keine Veränderungen. Außerdem war er der Chef, und seine Entscheidungen waren unwiderruflich. Der jüngere Bruder war nicht so konservativ und immer auf der Suche nach neuen landwirtschaftlichen Geräten.

Diesmal war der jüngere Bruder ganz darauf versessen, von Mr. Lloyd-Jones, der gegenwärtig für das Dorf der Hauptlieferant für landwirtschaftliche Geräte war, ein Gerät zu kaufen, einen sogenannten Separator.

Als Martyn und sein Vater in den Weg einbogen, der zum Bauernhof der Junggesellen führte, bemerkte Martyn den jüngeren der beiden, der gerade die Straße hinunterlief. Er schnappte nach Luft und hielt das Pferd mitsamt der Kutsche an.

»Ich muss mit Ihnen sprechen, Mr. Lloyd-Jones. Ich möchte unbedingt den Separator bekommen, aber ich weiß, dass mein Bruder mit allem, was ich sage, nicht einverstanden sein wird. Deshalb wollte ich Ihnen nur erklären, dass ich sehr dagegen sein werde, wenn Sie jetzt gleich versuchen, uns den Separator zu verkaufen. Ich werde mich sehr stark dagegen aussprechen. Lassen Sie sich aber nicht irritieren, denn ich möchte ihn wirklich sehr gerne haben. Es ist nur so, dass mein Bruder auf diese Weise denken wird, dass ich ihn nicht will, und deshalb wird er ihn doch wollen. Verstehen Sie das?

Und jetzt los, weiter mit euch zum Hof! Wir treffen uns auf der Rückseite. Aber sagen Sie nichts davon, dass ich mit Ihnen geredet habe. Pssst!«

Martyn und sein Vater fanden das sehr seltsam, aber sie gingen wie vereinbart zum Hintereingang des Bauernhofs, wo sie die beiden Brüder trafen und versuchten, ihnen den Separator zu verkaufen. Der jüngere Bruder reagierte, wie er schon gesagt hatte, sehr ablehnend gegenüber der ganzen Idee.

»Wir wollen so etwas nicht, Bruder. Das ist reine Geldverschwendung. Das ist überhaupt nicht klug, überhaupt nicht! Wir riskieren ein finanzielles Desaster, wenn wir diesen Separator jetzt kaufen.«

»Pah!«, rief der ältere Bruder aus. »Wir kaufen ihn, Lloyd-Jones. Sorgen Sie dafür, dass wir ihn bei der nächsten Lieferung haben!«

Martyn und sein Vater lachten auf dem ganzen Heimweg darüber.

Llangeitho war in der Tat ein sehr interessanter Ort, um dort zu leben. Es war erstaunlich. Was für verschiedene Charaktere man doch in einem einzigen kleinen walisischen Dorf antreffen konnte! Vom »Meisterspucker« bis zum Marathon-Geschichtenerzähler, vom »Algebra-Experten« bis zum unglücklichen Liebenden. Sie alle gab es in Llangeitho, und Martyn mochte sie alle.

Doch dann kam der Tag – etwa ein Jahr nach dem Brand –, an dem Martyn ins Internat gehen musste. All das zusätzliche Lernen hatte sich bezahlt gemacht. Martyn Lloyd-Jones war elf Jahre alt, als er ein Stipendium für die Tregaron County Intermediate School erhielt und ein neues Kapitel in seinem Leben begann.

Ein neues Zuhause

4

»Ich hasse es, zur Schule zu gehen!« Wie oft haben Schüler auf der ganzen Welt dies schon zu ihren Eltern gesagt! Genauso ging es auch Martyn. Aber in seinem Fall lag es daran, dass er nun von zu Hause weggehen musste, um eine Schule zu besuchen. Nicht die wohlhabende öffentliche Schule für reiche Jungen, von der man immer wieder liest, sondern eine gewöhnliche staatliche Schule in der nahe gelegenen Stadt Tregaron. Damals waren die Verkehrsmittel einfach zu primitiv. Mit einem Pferd zu reisen, dauerte viel länger als heutzutage mit einem Auto, und außerdem war die Familie Lloyd-Jones zu arm, um sich ein anderes Transportmittel leisten zu können. Martyn hatte einfach keine andere Wahl, als wegzugehen.

Seine ersten Eindrücke waren nicht gerade positiv.

»Wie kalt diese Stadt doch ist«, dachte Martyn während seiner ersten Woche dort. Tregaron war in der Tat eine unglaublich kalte Stadt. Das lag daran, dass sie zwischen dem Cors Caron (Tregaron-Moor) mit seiner Feuchtigkeit und dem Pass Cwm Berwyn in den Bergen lag, die wie ein Trichter die kalten Ostwinde in die Stadt zogen. Alles war so anders als in Llangeitho. Martyn kuschelte sich in seine Decken und träumte von zu Hause: von dem hübschen, kleinen walisischen Dorf, das sich in das Vale of Aeron schmiegte, und von den starken Hügeln, die das kleine Dorf vor dem grausamen, eisigen Wind schützten.

Von Montag bis Freitag wohnte Martyn in einer Unterkunft, übers Wochenende durfte er dann nach Hause kommen.

Und Martyn lebte dafür, endlich wieder nach Hause zu können. Selbst in den letzten Jahren seiner Schulzeit, als seine beiden Brüder hinzukamen, übte sein Heimatdorf Llangeitho immer noch denselben Reiz auf ihn aus. Harold und Vincent stürzten sich gern in das gesellschaftliche Leben der Schule. Zu Weihnachten gab es immer Theaterstücke und Konzerte, für die geprobt wurde. Gegen Ende des Schuljahres fiel der Unterricht sogar ganz aus, damit sich die Schüler besonders intensiv auf ihre Aufführungen konzentrieren konnten. Martyn hingegen beteiligte sich nicht an diesen Dingen. Er zog es vor, die ausfallenden Unterrichtsstunden zu nutzen, um an Weihnachten früher nach Hause zu kommen.

Sowohl Martyn als auch Vincent hatten das zusätzliche Problem, von Natur aus Linkshänder zu sein. Die Lehrer sahen dies als Problem an und zwangen die beiden Jungen, mit der rechten Hand zu schreiben. Für Martyn und Vincent bedeutete dies, dass sie für den Rest ihres Lebens eine grässliche Handschrift hatten.

Das Heimweh verfolgte Martyn so sehr, dass er sogar an den Wochenenden, wenn er zu Hause war, darunter litt. Denn ihm war klar, dass er am Montagmorgen wieder nach Tregaron fahren müsste, weg von Llangeitho, weg von zu Hause.

Aber, um es vorwegzunehmen, in Tregaron und in der Schule war nicht alles schlecht und düster.

»Und, Martyn, welche Fächer gefallen dir denn so?«, fragte der freundliche Lehrer Mr. Powell.

»Geschichte, Sir!« antwortete Martyn eifrig. Er liebte es, etwas über die Vergangenheit zu lernen, über die großen Helden vergangener Zeiten.

»Und welche Fächer kannst du am besten?«

»Naturwissenschaften.«

Es war wirklich so. Trotz seiner Liebe zur Geschichte glänzte der junge Martyn in den Naturwissenschaften. Aber er wurde nie mit der Einsamkeit fertig, die die Abwesenheit von zu Hause in so jungen Jahren mit sich brachte. Internate, so fand er, waren schreckliche Einrichtungen. Wenn Gott einen in eine Familie gesteckt hat, dann sollte man dort leben und aufwachsen und nicht weggeschickt werden.

Und es ging nicht nur um die Einsamkeit im Internat.

Es kam der Tag, an dem die gesamte Familie Lloyd-Jones Llangeitho und Wales verlassen musste.

»Jungs«, sagte der Vater eines Tages ernsthaft, »das Geschäft hier im Dorf ist am Ende. Wir können den Laden nicht mehr aufrechterhalten.« Das war eine wirklich erschütternde Nachricht. »Ich werde nach Kanada gehen, um zu sehen, ob ich dort Arbeit finden kann.«

Kanada! Das war ein ganzer Ozean weit weg. Da kommerzielle Flugzeuge noch in weiter Ferne lagen (und in jedem Fall unerschwinglich teuer waren), schien Kanada damals weiter entfernt zu sein als heute. Für uns ist Kanada in einigen Stunden mit dem Flugzeug zu erreichen. Damals dauerte es Tage, um den Atlantik zu überqueren.

Und so segelte Henry Lloyd-Jones zu Beginn des Jahres 1914 über den Ozean, um Arbeit zu finden. An dem Morgen, an dem sein Vater sich von ihnen verabschiedete, fühlte sich Martyns Herz an, als würde es entzweibrechen. Es war geplant, dass Mrs. Lloyd-Jones und die Jungen bis Juli in einem Teil eines Hauses in der Nähe der Schule von Tregaron wohnen würden. Bis dahin wäre Henry hoffentlich soweit, dass er eine Wohnung für sie gefunden hätte. Er würde dann Geld zurückschicken, damit die junge Familie Fahrkarten kaufen und ebenfalls nach Kanada reisen könnte.

Doch Henry fand in Kanada keine Möglichkeiten. Er schrieb seiner Familie oft und hörte sich dabei völlig entmutigt an. »Es gibt hier keine Möglichkeiten für mich. Dies ist ein wunderbares Land für junge Menschen und eine große Chance für die Jungs, aber hoffnungslos für einen Mann meines Alters.« Zögernd schlug er seiner Frau vor, sich in London nach anderen Möglichkeiten für ihn umzusehen. Er hoffte, dass seine Frau vielleicht über Verwandte etwas arrangieren könnte und er in der Zwischenzeit versuchen könnte, mit Gelegenheitsjobs in Winnipeg ein wenig Geld zu verdienen.

Für die ganze Familie waren dies aufreibende Monate, da sowohl Harold als auch Martyn vor entscheidenden Prüfungen standen. Mrs. Lloyd-Jones war außerdem wachsendem Druck von Gläubigern ausgesetzt, die die Familie aufforderten, ihre Schulden zu bezahlen. Mr. Lloyd-Jones wartete indessen sehnsüchtig auf eine Nachricht über eine mögliche Stelle in London.

Schließlich kündigte er an, dass er nach Hause kommen würde, und Mrs. Lloyd-Jones und die Jungs fuhren gemeinsam nach London, wo sie sich alle zusammen auf die Suche nach einem geeigneten Familienunternehmen machten, das ihr Vater übernehmen könnte.

So verließ die ganze Familie Wales und kam an den Feiertagen in London an. Es hätte keine eindrucksvollere Jahreszeit geben können, um in der Hauptstadt anzukommen. Mrs. Lloyd-Jones' Bruder holte sie alle am Bahnhof Paddington ab, und als sie sich auf den Weg zu seinem Haus machten, betrachtete der 14-jährige Martyn seine neue Umgebung mit weit aufgerissenen Augen. Es war ganz, ganz anders als in Llangeitho. Es gab mehr Geschäfte, als man sich vorstellen konnte, und überall standen riesig große Gebäude. Straßenbahnwagen und Tausende von Pferden bevölkerten die

Straßen. Aber es lag auch Spannung in der Luft. Denn das Land bereitete sich auf den Krieg gegen Deutschland vor.

Dann, ein Tag vor der Kriegserklärung, kam Mr. Lloyd-Jones endlich wieder auf britischem Boden an. Martyn ging zum Bahnhof, um ihn abzuholen. Es war so schön, ihn wiederzusehen. Gemeinsam machten sie sich erneut auf die Suche nach einem Familienunternehmen. Keiner der Lloyd-Jones wollte noch länger von den Verwandten abhängig sein.

Doch schließlich kam es dazu, dass Martyn in London bei ziemlich unsympathischen Verwandten unterkam, die sich zuerst weigerten, ihnen zu helfen. Diese Verwandten betrieben ein Molkereigeschäft und waren nicht erfreut darüber, dass ein Haufen verarmter Verwandter vor ihrer Haustür auftauchte. Sie nutzten Martyn und die anderen Familienmitglieder jedoch aus, wann immer es ihnen passte, und so erhielt Martyn einen Crashkurs darin, wie ein Molkereibetrieb geführt werden musste. Er wurde morgens und zu jeder Tages- und Nachtzeit gerufen, um bei den Milchtouren zu helfen und dafür zu sorgen, dass jeder seine zugeteilte Portion Milch bekam.

Die Arbeit eines Milchmanns war damals nicht so einfach wie heute, wo die Milch in Flaschen abgefüllt wird. Jeder der Milchmänner benutzte entweder einen Pferdewagen oder schob eine Karre durch sein eigenes Gebiet. In der Karre befand sich eine große Milchkanne, aus der die richtige Menge Milch in kleine Kannen oder Krüge abgefüllt wurde, die die jeweiligen Familien herausbrachten.

Das war alles sehr neu für Martyn, aber er lernte schnell. Die Arbeit in der Molkerei erwies sich als die wertvollste Lektion, die er in diesem Jahr gelernt hatte.

Die Familie Lloyd-Jones hatte eine sehr traumatische Zeit hinter sich. Die Trennung zwischen Mann und Frau, Vater und Söhnen war sehr schmerzlich gewesen. Eine Zeit lang sah es sogar danach aus, dass Martyn mit der Schule aufhören müsste, um zu helfen, die Familie durchzubringen.

Angesichts dieser Familienkrise war er bereit gewesen, seine Pläne, Arzt zu werden, aufzugeben. Er hätte es aufgegeben, um Bankangestellter zu werden, wenn dies seiner Familie aus den Schwierigkeiten, in denen sie steckte, geholfen hätte und sie vielleicht wieder zusammengebracht hätte. Aber die Schulausbildung ganz aufzugeben, hätte bedeutet, dass Martyns Aussichten für sein späteres Leben ganz anders gewesen wären.

Völlig unerwartet beschloss ein Molkereibesitzer in London aus Angst vor den Auswirkungen des heraufziehenden Krieges, sein Geschäft zu verkaufen. Die Molkerei befand sich in Marylebone, in der City of Westminster. Schon bald hatte Henry Lloyd-Jones wieder einen Laden. Der junge Martyn, damals noch im Teenageralter, half bei den täglichen Milchlieferungen mit.

Es war erstaunlich, dass es ausgerechnet eine Molkerei war, die Martyns Vater übernehmen sollte. Durch die Arbeit, die Martyn hatte leisten müssen, um seinen Onkel zufriedenzustellen, während er bei ihm wohnte, war er nun mit den vielen Aufgaben eines Milchmanns vertraut. Er wusste alles darüber, wie man mit den Karren durch die Straßen fährt, die Milchmengen abmisst und am Ende des Tages die Mengen zusammenzählt.

Manchmal wurde Martyn morgens um 5:30 Uhr von der Pfeife seines Vaters geweckt, wenn kein Milchmann aufgetaucht war, um seine Runden zu machen. Martyn quälte sich dann aus dem Bett, um seinem Vater bei der Ausgabe zu helfen. Verschlafen fuhr er mit dem Wagen durch die dunklen Londoner Straßen, bevor er dann den Rest des Tages in der Schule verbrachte.

Martyn war eine große Hilfe für das Familienunternehmen, und die Dinge begannen sich zum Besseren zu wenden. Gelegentlich schickte sein Vater einen besorgten Hilferuf an Martyns Lehrer: »Bitte erlauben Sie meinem Sohn, den Vormittag zu Hause zu verbringen, da wir in der Molkerei mit einem Mann weniger auskommen müssen und Martyn dringend brauchen, um einen Wagen zu fahren.« Das kam jedoch nicht allzu oft vor, und zum Glück musste Martyn nicht in Vollzeit als Milchmann arbeiten, obwohl er auch im Laden aushalf.

Das Geld des Familienunternehmens reichte aus, um Martyn mitsamt seinen Brüdern den Besuch der Marylebone Grammar School zu ermöglichen. Hier entwickelte sich sein Lernen noch besser als in Tregaron.

Im Alter von sechzehn Jahren erhielt Martyn eines Morgens eine Nachricht, die seinem Leben eine drastische Wendung geben sollte. Er erhielt einen Brief, in dem stand, dass er, Martyn Lloyd-Jones, als Medizinstudent am weltberühmten St. Bartholomew's Hospital in London angenommen worden sei.

Im St. Bartholomew's Hospital

5

»Man kann einen ›Barts-Mann‹ immer erkennen«, sagte jemand zu dem eifrigen Studienanfänger des ersten Semesters, »aber man kann ihm nicht viel sagen.« Die Studenten des »Barts«, wie das St. Bartholomew's Hospital auch heute noch genannt wird, wussten, dass sie die Besten waren!

Auch die Mitarbeiter des St. Bartholomew's wussten, dass sie für eines der angesehensten Krankenhäuser der Welt arbeiteten. Sie waren der Meinung, dass allein die Zugehörigkeit zu diesem renommierten Krankenhaus ausreichte, um sich vom anderen medizinischen Personal abzuheben. Sie erweckten den Eindruck, dass sie sich vom Rest der Menschheit unterschieden, und strahlten anderen gegenüber ein Gefühl der Überlegenheit aus. Aber vielleicht durften sie ja auch so denken. Denn das St. Bartholomew's Hospital gehörte zu den allerbesten Krankenhäusern und verfügte über eine beeindruckende Anzahl von medizinischen Talenten. Martyn Lloyd-Jones war eines davon.

Das St. Bartholomew's war nur einen kurzen Spaziergang von der St. Paul's Cathedral entfernt, einem der größten und beeindruckendsten Kirchengebäude Londons. Das Barts stand mitten in der Londoner City, und hier sollte Martyn nun einen Großteil seiner Zeit verbringen, um die Geheimnisse des menschlichen Körpers, seiner Krankheiten und der dazu nötigen Heilmethoden kennenzulernen.

Martyn fand in diesen ersten Jahren beim Barts eine Menge Freunde. Viele dieser Freundschaften waren herzlich und dauerhaft, auch wenn es nur wenige Gelegenheiten gab, sich zu treffen. Er war bei seinen Kommilitonen sehr beliebt und wurde für seine herausragenden Fähigkeiten sehr geschätzt.

Da Martyn sich der Medizin verschrieben hatte, war er vom Militärdienst befreit, im Gegensatz zu Harold, der sich für ein Jurastudium in Aberystwyth entschieden hatte. Harold wurde zu den Royal Welsh Fusiliers einberufen.

Der Mangel an Ärzten war so groß, dass – wie Martyn im Barts feststellte – viele der Medizinstudenten, die zur Armee gegangen waren, zurückgeschickt wurden, um ihr Studium wieder aufzunehmen.

Martyn war jedoch nicht völlig frei von der Präsenz des Krieges. Einige Jahre später erinnerte er sich an die folgenden Situationen:

»Wir sahen vieles, was zum ersten Mal während des Krieges überhaupt geschah. Ein Ereignis war der erste Zeppelin, der London angriff. Anstatt ein Versteck aufzusuchen, liefen wir seltsamerweise alle auf die Straße, um den Zeppelin und die Suchscheinwerfer anzustarren, die ihn wie eine riesige leuchtende Zigarre am Himmel erscheinen ließen.«

»Ich erinnere mich auch an den ersten Flugzeugangriff bei Tageslicht. Die erste Bombe fiel an einem Samstagmorgen ganz in der Nähe des St. Bartholomew's Hospital ... Ich eilte herbei, um Hilfe zu leisten.«

»Dann gab es einen denkwürdigen Sonntagabend. Wir waren nach oben ins Bett gegangen, als plötzlich der nördliche Himmel für einige Minuten so rot wie ein Sonnenuntergang wurde und dann die Farbe wieder verblasste. Gleichzeitig war ein Siegesgeschrei zu hören, und die Menschen rannten jubelnd auf die Straßen hinaus. Leutnant L. Robinson war es gelungen, den ersten Zeppelin über Cuffley, in der Nähe der Londoner Potters Bar, abzuschießen.«

In London gab es aber auch noch andere Dinge, mit denen man sich beschäftigen konnte, außer Bombenangriffe zu beobachten. An manchen Abenden wartete Martyns Vater lange, bis sein Sohn endlich nach Hause kam.

»Wieder einmal so spät dran, Martyn?«, fragte Henry seinen Sohn. Er hatte ein Funkeln in den Augen, weil er genau wusste, wo Martyn gewesen war.

»Ja«, antwortete Martyn. »Was für ein Abend!«

»Oben in der Galerie, vermute ich mal?«

Mit der Galerie meinte er die Galerie des House of Commons, das Unterhaus des britischen Parlaments, wo alle großen politischen Debatten der Nation stattfanden.

»Ja, Vater. Ich habe Winston Churchill und David Lloyd George gesehen.«

Churchill und Lloyd George gehörten zu den bedeutendsten Politikern und Rednern ihrer Zeit, und Martyn liebte nichts mehr, als auf der Empore des Parlaments zu sitzen und zu hören, wie sie miteinander debattierten.

Martyn liebte die Politik. Da er ganz in der Nähe des Parlaments wohnte, konnte er oft auf der Besucherempore, der sogenannten Strangers' Gallery, sitzen. Dies war ein besonderer Ort, an dem Besucher sitzen und die öffentlichen Verhandlungen verfolgen konnten. Martyn beobachtete Lloyd George, den feurigen walisischen Redner und Verfechter der Armen. Als Premierminister würde Lloyd George Großbritannien im Ersten Weltkrieg zum Sieg führen. Winston Churchill war die andere Attraktion im Parlamentsgebäude. Auch Churchill sollte Großbritannien, 27 Jahre später, im Zweiten

Weltkrieg zum Sieg führen. Martyn war bei einigen der wichtigsten Debatten des Krieges zugegen. Diese halfen ihm dabei, seine eigenen Debattierfähigkeiten zu erwerben.

Und Martyn liebte Debatten. Sein Vater hatte dafür gesorgt, dass alle seine Söhne mit der Kunst des Debattierens in der Öffentlichkeit vertraut waren. Während eines Abends debattierten sie selbst miteinander. Nach dem Tee saßen die Jungen dann mit ihrem Vater vor dem Kamin und diskutierten über aktuelle Fragen und kontroverse Themen. Debatten waren ein beliebter Zeitvertreib im Hause Lloyd-Jones.

Durch die Gemeinde, in die er mit seiner Familie ging, freundete Martyn sich mit einem jungen Mann namens Ieuan Phillips an und kam daraufhin in die Sonntagsschulklasse von Ieuans Vater. Ieuan hatte auch eine Schwester namens Bethan, aber das ist eine andere Geschichte.

Dr. Phillips' Sonntagsschulklasse hatte einen offenen Unterrichtsstil. So war Martyn dort ganz in seinem Element. Er erinnerte sich später daran, mit welcher Begeisterung er den Unterricht von Dr. Phillips erlebte.

»Jeden Sonntagnachmittag wurde eifrig und manchmal heftig diskutiert, und sehr oft waren er (Dr. Phillips) und ich die Hauptredner. Ich habe im Laufe meines Lebens häufig debattiert, und zwar mit vielen Männern; aber ich kann versichern, dass ich noch nie einen wie ihn erlebt habe im Hinblick auf die Debattierfähigkeit und Schlagfertigkeit seines Geistes. Er gehörte zu den besten Debattierern, die ich je getroffen habe. Es gibt nichts Besseres, um den Verstand zu schärfen und einem Mann zu helfen, klar und geordnet zu denken, als zu debattieren, insbesondere über theologische und philosophische Themen.«

Manchmal wurden die Auseinandersetzungen so laut, dass Mitarbeiter aus anderen Klassen (die sich gestört fühlten) hergeschickt wurden, um darum zu bitten, die Lautstärke zu reduzieren.

Es dauerte nicht lange, bis auch die alten Debatten der Familie Lloyd-Jones wieder ernsthaft aufflammten. Noch vor Ende des Krieges war die Familie wiedervereint. Harold wurde wegen eines Herzfehlers aus der Armee ausgemustert. Sein Zustand besserte sich jedoch bald, und er begann, sich wieder auf die juristische Karriere vorzubereiten. Er begann auch wieder zu dichten, und einige seiner Gedichte wurden in der damals sehr bekannten Zeitschrift *John O'London's Weekly* abgedruckt. Dies zeigte allen, wie begabt Harold als Dichter war. Es war wirklich gut, ihn wiederzuhaben.

Tatsächlich glaubte Mrs. Lloyd-Jones, dass Harold der bessere Redner in der Familie sei; doch ein Ereignis ließ möglicherweise einige Zweifel daran aufkommen. Ein Freund der Familie aus Wales, D.J. Williams, besuchte die Familie und war gebeten worden, in einer örtlichen Welsh Chapel in Holloway zu predigen. Harold und Martyn begleiteten ihn. Dort wurden sie in eine ziemlich heikle Situation verwickelt. Denn dem Prediger war ein Gerücht vorausgeeilt, das seinen Patriotismus in Frage stellte. Die Gemeinde verdächtigte diesen Mr. Williams, ein Pazifist zu sein. Viele der Leute in Holloway hatten Söhne, die an der Westfront dienten. Zwar war Mr. Williams in der Tat ein Pazifist, aber in der Regel war er sehr diskret. Leider machte Mr. Williams jedoch während seiner Predigt eine Bemerkung, die die Gemeinde in ihrem Verdacht zu bestärken schien.

Die Gläubigen standen empört auf, um zu protestieren und den Prediger zu beleidigen. Martyn stupste seinen Bruder an. »Tu etwas, Harold, sie werden ihn sonst in Stücke reißen.«

Harold erstarrte auf der Stelle und schüttelte ängstlich den Kopf. Er saß wie angewurzelt auf seinem Platz. Er konnte sich auf keinen Fall erheben und diese Leute wegen ihrer Zwischenrufe gegen den Prediger zur Rede stellen.

Doch Martyn wusste, dass er keine Zeit zu verlieren hatte, da ihr Freund sonst womöglich aus der Kapelle gezerrt und von der empörten Menge verprügelt werden würde.

So schritt Martyn nach vorn und begann, sich auf Walisisch an die Versammlung zu wenden. Stille breitete sich in der Kirche aus, als der wortgewandte junge Mann für die Sache seines älteren Freundes eintrat. »Ich stimme in diesem Punkt eigentlich nicht mit dem Prediger überein«, erklärte Martyn, »aber ich bürge für seinen Charakter – er hat sich bei Kriegsausbruch tatsächlich freiwillig zur Armee gemeldet, wurde aber wegen seiner schlechten Sehkraft abgelehnt. Er ist ein Mann von Integrität und Aufrichtigkeit, der bereit war, für das zu kämpfen, woran er glaubte.«

Nach diesen eindringlichen Worten beruhigte sich die Versammlung, und die Ordnung war bald wiederhergestellt.

Liebe in London

6

Bethan war die hübsche Tochter von Tomas Phillips, Martyns Sonntagsschullehrer und die Schwester von Martyns Freund Ieuan. Ihr Vater, Dr. Phillips, war nicht nur Sonntagsschullehrer, sondern arbeitete auch als Augenchirurg. Er war so bekannt, dass viele wichtige und berühmte Menschen zu ihm kamen, um sich behandeln zu lassen. David Lloyd George, der Premierminister des Vereinigten Königreichs, war einer seiner bekanntesten Patienten. Dieser war ein Mann, der ein wenig zu sehr den Mädchen hinterhersah. Eines jedoch, das seinen Blick nie erwiderte, war Bethan.

Doch Bethan zog auch Martyns Aufmerksamkeit auf sich. Und er verliebte sich in Bethan Phillips, eine sehr gefragte und temperamentvolle junge Frau, die sich besonders für Tennis begeisterte.

Er lernte sie in der Welsh Chapel kennen, die sich in der Charing Cross Road befand. Es war die Gemeinde, deren Gottesdienst Martyn und auch die ganze Familie Lloyd-Jones fast seit ihrer Ankunft in London besucht hatte.

Aber obwohl er Bethan vielleicht zum ersten Mal in der Welsh Chapel in der Charing Cross Road traf, kam sie Martyn irgendwie bekannt vor. Da erinnerte er sich: Es war auf einem Markt im Sommer gewesen, als er noch einiges jünger war. Er hatte Bethan dort zum ersten Mal gesehen, und schon damals hatte sie ihn beeindruckt.

Es war ein warmer Sommertag gewesen, und der alte Großvater Evans hatte seinen Enkel mit auf den Markt in Newcastle Emlyn genommen. Als Martyn an diesem schönen warmen Tag die Stunden damit verbrachte, die Landschaft zu bewundern und das geschäftige Treiben der Menschen zu beobachten, war sein Blick auf ein junges Mädchen gefallen, das, wie er später erfuhr, Bethan Phillips hieß.

Bethan war die Familie Lloyd-Jones durchaus aufgefallen, als diese zum ersten Mal zum Gottesdienst kam. Sie erinnerte sich daran, dass sie in der vorderen Bank saßen – die Mutter, der Vater mit einem großen Schnauzbart und die drei Jungen.

Die Familie ging regelmäßig jeden Sonntag dorthin. Da es sich um die Welsh Chapel handelte, kam sie ihnen vertraut vor – ein kleines Stück Heimat in der großen Stadt, die so neu war. Die Familie Phillips war bereits in der Gemeinde aktiv, und so begann der Kontakt zwischen den beiden Familien.

Wie Martyn war auch Bethan das mittlere von drei Kindern. Sie war das Mädchen zwischen zwei Jungen, Ieuan und ihrem viel jüngeren Bruder, Tomas John. Bethan war auch Medizinstudentin, und zwar beim »Konkurrenten« des St. Bartholomew's Hospitals, dem University College Hospital, das ebenfalls in London lag. Sie begann ihre medizinische Ausbildung am University College genau an dem Tag, an dem Martyn die seine am Barts begann. In den nächsten Jahren gab es immer wieder Phasen der Freundschaft zwischen den beiden. Aber diese Zeiten waren manchmal durch lange Pausen unterbrochen. Es spielte keine Rolle, dass Martyn mit Bethans Bruder befreundet war oder dass der junge Martyn Lloyd-Jones in der Sonntagsschulklasse ihres Vaters sehr beliebt war.

»Er ist zu jung«, beschwerte sie sich bei ihrem älteren Bruder Ieuan, der Martyn kennengelernt hatte und ihn mochte.

»Er mag unsere Hunde nicht, er ist ein hoffnungsloser Fall beim Tennisspielen, und er ist sehr ernst.«

Also überhaupt nicht geeignet, um es klar auszudrücken.

Bethan war begeistert vom Tennisspielen, Martyn nur mittelmäßig. Er konnte zwar einigermaßen gut im Doppel spielen, aber seine Begeisterung für das Spiel entsprach in keiner Weise der ihren. Wann immer sie in seiner Gegenwart über das Spiel sprach, bezeichnete er es als »Verrücktheit«, was sie sehr ärgerte.

Auch war Martyn nicht gerade gut darin, junge Damen für sich zu gewinnen. Bei einer Gelegenheit brachte er allein alle Damen des Literatur- und Debattiervereins erheblich aus der Fassung.

Er hielt eine Rede mit dem Titel »Die Zeichen der Zeit«. In dieser Rede ging er auf den moralischen Verfall der Nation in vielen verschiedenen Bereichen ein. So sprach er beispielsweise über die Art und Weise, wie sich Männer und Frauen kleideten.

Ein weiterer Punkt in seiner Rede waren die neuzeitlichen Badegewohnheiten. »Die moderne Praxis, in jedem Haus ein Bad einzurichten, ist nicht nur eine Tragödie, sondern ein echter Fluch für die Menschheit!«

Martyn sprach von der Sucht nach Abschlüssen und Diplomen, von Zeitungen und Werbung, von der Begeisterung für Kommunikation und – man höre und staune – von den Frauen von heute.

Er liebte es, alle seine Wortbeiträge mit einer Prise Humor zu versehen, und das merkte man ihm definitiv an. Hier sind einige seiner berühmt-berüchtigten Zitate: »Wenn ich wählen müsste, entweder ein Leben lang mit einem Menschen zusammen zu sein, der ein Bad pro Tag nimmt, oder mit einem, der ein Bad pro Jahr nimmt, würde ich mich, ohne zu zögern, für Letzteren entscheiden; denn die Seele eines Menschen ist wichtiger als seine Haut.«

»Es gab eine Zeit, in der die Fuchsjagd der größte Sport in diesem Land war; aber sie ist längst durch die Scheidung ersetzt worden.«

»Wenn ich ein Haus betrete und feststelle, dass es ein Radio hat, weiß ich sofort, dass etwas nicht stimmt ... Eure Geräte mögen Wunder bewirken, sie mögen euch ermöglichen, die Stimme Amerikas zu hören; aber glaubt mir, sie werden niemals die einzige Stimme übertragen, die es wirklich wert ist, gehört zu werden.«

»Ich würde die junge Dame aus dem viktorianischen Zeitalter, die beim Anblick einer Maus in Ohnmacht fiel, der heutigen jungen Dame vorziehen, die sagt, sie habe vor nichts Angst.«

Diese Worte führten bei seinen Zuhörerinnen zu Kommentaren wie: »Ich hoffe, dass du, wenn du etwas älter bist, etwas weiser wirst«, oder: »Dein Fall ist so ernst, dass nichts anderes als die Ehe dich zu heilen vermag.«

Zum Glück nahm Bethan nicht an diesem Treffen teil, sonst hätte sie Martyn vielleicht ganz abgeschrieben.

Was Martyn jedoch nicht wusste, war, dass Bethan es sich noch einmal anders überlegt hatte. Er hatte ihr schon einmal einen Heiratsantrag gemacht, und seit diesem Antrag hatten noch andere junge Männer ihr Glück bei Dr. Phillips' junger Tochter versucht. Keiner von ihnen war erfolgreich gewesen. Nun hatte die junge Miss Phillips noch einmal über den ersten Antrag nachgedacht. Der Grund dafür war eine zufällige Begegnung auf der Euston Road.

Sie war mit einem Tennisschläger unter dem Arm die Straße entlanggeschlendert, als sie Martyn begegnete, der aus der anderen Richtung kam. Es entwickelte sich ein freundliches Gespräch, und Martyn machte nicht eine einzige Bemerkung über ihren Schläger. Er verhielt sich in der Tat wie ein perfekter Gentleman. Es war keinerlei Diskussion zu erwarten.

Aber er war immer noch ein sehr ernster junger Mann – das hatte sich überhaupt nicht geändert.

Ja, Martyn war ein ernster junger Mann. Und er hatte auch allen Grund dazu. Denn die Familie Lloyd-Jones war erneut von einer Tragödie heimgesucht worden. Harold, der gut aussehende ältere Bruder, der von den Schrecken des Ersten Weltkriegs sehr geschwächt zurückgekehrt war, erkrankte erneut. Er hatte die Schützengräben und den Horror, so viele Freunde sterben zu sehen, überlebt, war nach Hause zurückgekehrt und hatte ein neues Leben begonnen. Zudem war der junge Dichter verliebt. Doch Mrs. Lloyd-Jones war eine sehr strenge Mutter, eine echte Evans. Sie verbot die Liebe, sodass Harold beschloss, seine Romanze heimlich trotzdem weiterzuführen.

An einem kalten Tag schlich Harold, der sich noch etwas schwach fühlte, aus dem Haus.

»Es wird nicht lange dauern«, rief er Martyn zu, als er die Tür schloss. Der Rest der Familie schenkte ihm keinerlei Beachtung, und jeder ging weiter seiner Beschäftigung nach. Martyn dagegen lag mit einer Grippe im Bett. Es war eine besonders schwere Grippe, die er sich eingefangen hatte. Eines Morgens war er gerade aufgewacht und hatte sich plötzlich sehr, sehr schwindlig gefühlt.

»Du hast die Grippe, Martyn«, hatte seine Mutter gesagt und ihn schnell wieder unter die Bettdecke gesteckt.

In dem Moment, als Harold sich verabschiedet hatte und zur Tür hinausgegangen war, war Martyn nicht in der Lage, sich zu fragen, ob etwas nicht stimmte. Außerdem war Harold fit genug, um allein spazieren zu gehen.

Allerdings hatte niemand mit der ungeheuren Wucht des Virus gerechnet, an dem Martyn bereits erkrankt war. Niemand hätte gedacht, dass das Virus, das Martyn nun ans

Bett gefesselt hatte, Harold in weitaus schlimmerer Weise treffen würde.

Draußen ging Harold heimlich zum nächsten Briefkasten und warf einen Brief an seine heimliche Geliebte ein. Aber die Kälte, die in der Luft lag, reichte gerade aus, um dem Grippevirus den nötigen Schub zu geben und in Harolds Körper Amok zu laufen.

Im Winter 1918 starben Tausende Männer und Frauen, die den Krieg überlebt hatten, in dem Millionen getötet worden waren, an einer schrecklichen Grippeepidemie (die Spanische Grippe). Das war lange vor der Verfügbarkeit moderner Medizin und Mittel wie Penicillin, die für uns heute schon selbstverständlich ist. Es gab nicht viel, was man für Harold tun konnte.

»Wird er es schaffen?«, fragte die Familie Martyn besorgt. Mrs. Lloyd-Jones sah ihren Sohn an, der gerade aus Harolds Schlafzimmer die Treppe herunterkam.

Der vom Krieg geschwächte Harold, der durch die Erkältung auf dem Weg zur Post noch mehr geschwächt wurde, hatte keine Chance gehabt. Er hatte sich die gefürchtete Grippe eingefangen und litt wie Tausende andere unter den schlimmsten Folgen.

Martyn stand da und blickte in die besorgten Gesichter seiner Familie, in die flehenden Augen seiner Mutter. Sie alle hofften auf die gute Nachricht, die er ihnen nicht mehr geben konnte.

»Wird er es schaffen?«, wiederholte Martyns Mutter.

»Ich fürchte, das hat er nicht ...«

Harold hatte es nicht geschafft. Er hatte zwar die Maschinengewehre und Bomben der deutschen Armee überlebt, starb aber als junger Mann an einer Grippe.

Jetzt gab es nur noch zwei Lloyd-Jones-Jungen, Martyn und Vincent. Harold war nicht mehr da.

Und es gab noch etwas anderes, das in Martyns Leben fehlte. Etwas, von dem er vorher nicht gewusst hatte, dass es ihm fehlte. Das Leben war nicht mehr so zufriedenstellend wie in der Vergangenheit. Er erkannte, dass er ein Sünder war. Er hatte schon viele Wege ausprobiert, aber noch nicht den Weg gefunden, auf dem er eigentlich gehen sollte ...

Der medizinische Detektiv

7

»Ihr werdet nie erraten, welche Krankheit Herr So-und-so hat!«

»Ein so großer Mann wie er?! Und dann alles wegzuwerfen für ein so unmoralisches Leben?!«

»Ich fürchte, ja«, seufzte Lord Horder, »die ›Großen‹ können genauso schlimm sein wie alle anderen auch.«

Martyn war im Krankenhaus der Assistenzarzt des Chefarztes Lord Horder, dem Arzt des Königs. Lord Horder war 1910 in das Krankenzimmer von Edward VII. gerufen worden, was ihm ein ebenso hohes Ansehen einbrachte wie den gefragtesten Privatärzten in der Harley Street. Die Harley Street war eine der berühmtesten Adressen für Privatmedizin im Vereinigten Königreich. Schon bald waren einige bekannte Persönlichkeiten des Landes Patienten von Lord Horder geworden.

Wie kam Martyn dazu, der Assistenzarzt eines so bedeutenden Arztes zu werden?

Die erste Begegnung von Martyn mit Lord Horder war nicht sehr angenehm. Obwohl Martyn ein volles Arbeitspensum im Barts absolvierte und sich zum Arzt ausbilden ließ, musste er dennoch seine Stunden in der Molkerei ableisten. Eines Morgens gab es plötzlich einen Notfall in der Molkerei, um den sich Martyn kümmern musste. Als alles geregelt war, warf Martyn einen Blick auf die Uhr.

»Oh nein! Ich bin spät dran! Ich muss mich beeilen!«

Er stürmte aus der Molkerei und rannte hektisch in Richtung des St. Bartholomews. Er sollte bei einer Sprechstunde eines ambulanten Patienten von Lord Horder dabei sein, und er würde zu spät kommen, zu spät beim renommiertesten Arzt des Vereinigten Königreichs. Wie peinlich!

Wie auch immer, Martyn kam an, erhitzt, gerötet und völlig erschöpft. Er hatte bereits die Arbeit eines ganzen Tages in der Molkerei geleistet, und nun kam er zu spät zur Sprechstunde. Martyn entschuldigte sich, als er mitten in Lord Horders Erklärung von irgendeiner Sache hereinkam, und bevor er sich sammeln konnte, bombardierte dieser den Nachzügler unbarmherzig mit unzähligen Fragen.

Die anderen Studenten, die auch an der Lehrvisite teilnahmen, waren natürlich begeistert, einfach weil es mal einen anderen traf, der unter dem scharfen Verstand des königlichen Leibarztes litt. Martyn zögerte und stockte, während die Fragen unaufhörlich auf ihn einprasselten. Aus dem anfänglichen Grinsen wurde bald ein Kichern, und schließlich war der immer nervöser werdende Martyn bald die Ursache für schallendes Gelächter.

Doch eines Tages bekam Martyn seine Chance. Es war ein Tag im Jahr 1920, an dem Lord Horder endlich positiv auf ihn aufmerksam wurde.

An diesem Tag untersuchte Martyn wie üblich einen Patienten. Er arbeitete als Student in der Ambulanz. Nach einigem Nachdenken und den üblichen Prozessen stellte Martyn eine Diagnose für den Patienten. Derselbe Patient wurde später von Lord Horder untersucht, als er mit einigen seiner Studenten wieder einmal auf einer Lehrvisite war.

Er warf einen Blick auf die Diagnose, die Martyn gestellt hatte, und war ziemlich überrascht.

»Was ist das denn?«, fragte er. Er schaute sich den Patienten genauer an. Er war sich nicht sicher, ob dieser junge Arzt wirklich richtig lag. Die Milz des Patienten war der entscheidende Faktor für die Diagnose. Man musste sie erst ertasten können, um eine korrekte Diagnose zu stellen. Martyn schaffte das ohne Probleme. Schon in zwei Fällen hatte er die Milz lokalisieren können.

Als Lord Horder jedoch die Diagnose überprüfte, konnte er die Milz nicht ein einziges Mal ausfindig machen.

Da der Patient für weitere Untersuchungen im Krankenhaus blieb, wurde bald klar, dass Martyns Diagnose richtig war. Nun war Lord Horder sehr an dem jungen Waliser interessiert.

Als 1921 der Zeitpunkt gekommen war, an dem alle Anstellungen im Krankenhaus vergeben werden mussten, wusste Lord Horder bereits, wen er als seinen Assistenten haben wollte. Doch Martyn hatte noch nicht einmal die Ergebnisse seiner Prüfungen erhalten. Für Lord Horder spielte das aber keine Rolle. Er wagte diesen ungewöhnlichen Schritt und stellte Martyn ein, obwohl ihm seine Kollegen andere Kandidaten wärmstens empfohlen hatten.

Bald bewies Martyn allen, dass er tatsächlich die richtige Wahl war. Er schloss alle seine Prüfungen mit Bravour ab.

Während der Arbeit lernte er eine Menge von Lord Horder: »Finde alle Symptome heraus, auch solche, von denen du noch gar nichts wusstest. Nicht nur, wo sie Beschwerden haben, sondern auch, was sie gefrühstückt haben, wie spät sie ins Bett gegangen sind, wie es auf der Arbeit läuft.«

Diese Methode wurde erstmals vor Hunderten von Jahren von einem alten Griechen namens Sokrates angewandt – bekannt als die »Sokratische Methode«. Um die Methodik dieses Mannes zu verstehen, kann man sie mit der Arbeit eines Detektivs vergleichen. Du musst wissen, dass ein Detektiv eine Menge Fragen stellt. Einige dieser Fragen mögen unnötig erscheinen. Aber jedes winzige Detail kann plötzlich und unerwartet den entscheidenden Hinweis liefern und das Rätsel lösen. Genau so war es, als Arzt unter Lord Horder zu arbeiten. Wenn Ärzte herausfinden, was mit dir wirklich nicht stimmt – und nicht nur die Symptome beachten –, nennt man das, eine Diagnose stellen. Und Lord Horder war berühmt dafür, stets die richtige Diagnose zu stellen – er war der Beste in der Stadt. Sein eifriger junger Assistent Martyn lernte vom besten Lehrer, wie er schon bald ein ebenso hervorragender medizinischer Detektiv werden konnte.

Während Bethan immer noch so sorglos wie eh und je war – immerhin hatte sie mittlerweile viele Heiratsanträge erhalten, und einer davon war sogar von einem der besten jungen Ärzte in ganz London –, war Martyn dagegen vom Leben eher ernüchtert.

»All diese Herrschaften haben sich ihre Krankheiten durch ihren schlechten Lebenswandel selbst zugezogen, während die Armen hungern ...«, erklärte er, wobei er das Empfinden hatte, dass Gott hinter ihm her war und ihn dazu veranlasste, sein ganzes Leben und das der gesamten Welt neu zu überdenken.

Er betrachtete die Welt von seinem Blickwinkel aus, als Mediziner im Barts. Er sah die Armen und die Reichen, die Mittellosen und die Wohlhabenden, und er sah die Sünde in ihnen allen. Seine medizinische Ausbildung brachte den jungen walisischen Medizinstudenten in Situationen, die einem das Blut in den Adern gefrieren lassen. Insbesondere als er in der Geburtshilfe in den rauesten Gegenden von Islington, einem Ortsteil Londons, arbeitete, begegnete er einem solchen Ausmaß an Gottlosigkeit, wie er es sich nicht hätte vorstellen können, als er noch in dem reizenden kleinen Dorf Llangeitho gelebt hatte. All das Böse und die Schlechtigkeit ließen jene Tage in immer weitere Ferne rücken.

Martyn erkannte schließlich, dass er in Wirklichkeit kein wahrer Christ war, obwohl er die meiste Zeit seines Lebens geglaubt hatte, einer zu sein. Er erkannte, dass es nicht sein Kirchgang war, der ihn zum Christen machte; seine Erziehung oder sein Stammbaum konnten ihn nicht retten. Nur durch den Tod Jesu am Kreuz konnte er, Martyn Lloyd-Jones, Vergebung der Sünden erlangen. Ihm wurde deutlich, dass er nicht nur an Jesus glauben musste, sondern dass es nötig war, an das ganze Wort Gottes zu glauben.

Zu dieser Erkenntnis gelangte Martyn, als er einen Prediger in der Westminster Chapel hörte, einen gewissen Dr. John Hutton. Martyn hatte noch nie in seinem Leben eine Predigt wie diese gehört – noch nie hatte er in der Welsh Chapel eine Predigt mit solcher Vollmacht gehört. Doch dort, in der Westminster Chapel, wurde ihm nun klar, was ihm gefehlt hatte: ein Gespür für die geistliche Realität.

Wenn man hört, wie Menschen von ihrer Bekehrung Zeugnis ablegen, können einige von ihnen genaue Zeiten angeben, zum Beispiel: »Es war Dienstag, der 20. Oktober, um 14:30 Uhr, an einem bewölkten Tag ... als ich Christ wurde.« Martyn konnte nie eine so genaue Zeitangabe machen. Für ihn war es ein Prozess, bei dem Gott nicht von ihm abließ, sondern ihn verfolgte, wohin er auch ging. Dabei entdeckte er, dass nicht wir uns für Gott zu entscheiden haben, sondern dass Gott sich für uns entscheidet.

»Es ist, als würden zwei Männer nach Tregaron gehen«, erklärte er später. »Der eine ging an einem sonnigen Tag. Plötzlich goss es zehn Sekunden lang in Strömen. Er kam völlig durchnässt in Tregaron an. Der andere Mann machte sich auf den gleichen Weg, und es nieselte die ganze Zeit. Auch er kam in Tregaron an – völlig durchnässt. Sie kamen beide klatschnass in Tregaron an. Aber bei dem einen Mann war es ein plötzlicher Wolkenbruch, bei dem anderen ein gleichmäßiger, anhaltender Nieselregen. So ist es auch mit der Bekehrung. Für einige ist es ein ganz bestimmter Zeitpunkt, an den sie sich erinnern. Bei anderen ist es ein Prozess, bei dem sie am Ende die Gewissheit bekommen, dass sie Christen geworden sind. Zwei sehr unterschiedliche Wege, aber das gleiche Ergebnis.«

Und so war es auch bei Martyn: Der gnädige Gott hatte ihn letztendlich innerlich zerbrochen und überführt. Er erkannte, dass er ein großer Sünder war und allein durch das Opfer Jesu mit Gott versöhnt werden konnte. Martyn hatte endlich wahren geistlichen Frieden und unbeschreibliche Freude! Diesen Weg zur Errettung beschrieb er folgendermaßen:

»Viele, die in einem religiösen Umfeld, in einem frommen Elternhaus aufgewachsen sind, die immer zum Gottesdienst und in die Sonntagsschule gingen, die nie eine Versammlung verpasst haben, hören ständig das Evangelium; und doch sind sie vielleicht nicht errettet. Sie brauchen dieselbe Errettung wie der Mann, der möglicherweise jetzt gekommen ist, um zuzuhören, und noch nie zuvor in einer Kirche gewesen ist. Es ist der gleiche Weg, das gleiche Evangelium für beide, und beide müssen auf die gleiche Weise gerettet werden. Religiosität hat keinen Wert, Moral zählt nicht, all das hat keine Bedeutung. Wir werden alle auf die gleiche Stufe herabgesetzt, weil es ›durch Glauben‹ geschieht, weil es ›aus Gnade‹ geschieht.«

Martyns Leben hatte sich grundlegend verändert. Von einem selbstgerechten Sünder war er zu einem erretteten Sünder geworden. Martyn, der nun erkannte, dass er geistlich blind gewesen war, konnte nun sehen. Es war eine bemerkenswerte Veränderung, die sich auf sein ganzes Leben auswirken sollte. Denn nicht lange danach sollte sich sein Leben erneut drastisch verändern. Martyn Lloyd-Jones sollte eine ganz andere Richtung einschlagen. Tatsächlich sollte sein Leben zwei Wendungen nehmen, die er sich nie hätte vorstellen können.

»Sie sind also der Assistenzarzt des königlichen Leibarztes, richtig?«, bemerkte ein eifersüchtiger junger Medizinstudent einige Zeit später, »und auch der jüngste promovierte Doktor der Medizin – Dr. Martyn Lloyd-Jones?«

Martyn stimmte zögernd zu.

»Vermutlich auch mühelos auf dem Weg ganz nach oben«, fügte sein Kollege hinzu.

»Ah, da liegen Sie falsch …«

»Was? Sollte Sie etwas auf dem Weg zu Reichtum und Ruhm aufhalten? Das kann ich mir nicht vorstellen.«

»Tja, Gott schon!«

Gott hatte in der Tat andere Pläne für den brillanten jungen Arzt. Martyn war von all der Dekadenz an der Spitze der Gesellschaft angewidert. Es war nicht so, dass ihm der Beruf des Arztes keinen Spaß mehr gemacht hätte. Ganz im Gegenteil.

Aber genauso wie er sich als unglücklicher Internatsschüler in Tregaron nach seiner Heimat Llangeitho gesehnt hatte, sehnte er sich nun nach Wales. Der junge Mann konnte es kaum erwarten, nach Hause zu kommen, in sein Zuhause in Wales.

Es war nicht einfach nur die Sehnsucht nach einem Leben in den schönen Dörfern auf dem Land, die Martyn als Kind kennengelernt hatte. Es war eine andere Berufung: in die schmutzigen Slums und die sich verschlimmernde Armut des industriellen Wales, in die stinkenden Stahlwerke, zu den betrunkenen Rowdys in den Docks. Hier herrschte eine große Not, eine geistliche Not, bei einem Volk, das in großer Finsternis wandelte. Das war es, was Martyn von den hellen Lichtern Londons und einer erfolgreichen Karriere abberief.

In seiner Freizeit hatte er zwischendurch schon ein paar Predigten in der Welsh Chapel in der Charing Cross Road gehalten. Doch nun wusste Martyn Lloyd-Jones, dass Gott ihn berufen hatte, als Prediger nach Wales zu gehen.

Später erklärte Martyn die Berufung zum Predigtamt auf folgende Weise:

»Ein Prediger ist nicht ein Christ, der sich entscheidet, zu predigen; er beschließt nicht einfach, es zu tun. Es ist Gott, der ihm das Predigen befiehlt; es ist Gott, der Prediger aussendet.«

»Aber meine medizinische Ausbildung war keine Zeitverschwendung«, erzählte er seinen erstaunten Freunden, als sie den berühmten Innenhof des Barts überquerten. »Wisst ihr, der Beruf des Arztes hat mich gelehrt, wie man nachdenkt, wie man die Hintergründe eines Problems erforscht und nicht nur die Symptome anschaut.«

»Genau wie Lord Horder es dir beigebracht hat.«

Lord Horder war zwar enttäuscht, einen so vielversprechenden jungen Arzt wie Martyn zu verlieren, und war verwundert über dessen Entscheidung, die medizinische Laufbahn zu verlassen; aber er war auch stolz auf Martyn. Er schenkte ihm eines seiner wissenschaftlichen Lieblingsbücher als Anerkennung für Martyns brillante Diagnosen.

»Seht euch Südwales heute an«, pflegte Martyn zu sagen, wenn er wieder einmal jemandem seine Entscheidung erklären musste. »Hohe Arbeitslosigkeit, Männer ohne Arbeit, und diejenigen, die Arbeit haben, sind oft sturzbetrunken, verprügeln sich gegenseitig, misshandeln ihre Familien. Aber das sind die Symptome, nicht die Krankheit selbst.«

Dennoch fragten ihn die Leute: »Warum sollte man einen guten Beruf wie den des Arztes aufgeben? Wärst du zum Beispiel ein Buchmacher gewesen und hättest das aufgeben wollen, um das Evangelium zu predigen, würden wir dich verstehen und dir zustimmen und sagen, dass du eine großartige Entscheidung getroffen hast. Aber Medizin – ein guter Beruf, durch den man Kranke heilen und Schmerzen lindern kann!?« Ein Mann sagte sogar zu ihm: »Wenn du Anwalt wärst und das aufgeben würdest, würde ich dir auf die Schulter klopfen; aber den Beruf des Arztes aufgeben!?« – »Ach«, wollte Martyn dann am liebsten erwidern, »wenn du mehr über die Arbeit eines Arztes wüsstest, würdest du es verstehen. Wir verbringen die meiste Zeit damit, die Leute wieder fit zu machen, damit sie in ihr Sündenleben zurückkehren können.«

Martyn sah Männer auf ihren Krankenbetten und sprach mit ihnen über ihre unsterbliche Seele, woraufhin sie großartige Dinge versprachen; dann wurden sie wieder gesund und kehrten in ihr altes Sündenleben zurück. Martyn erkannte, dass er ihnen zum Weitersündigen verhalf, und beschloss, dass er das nicht mehr tun konnte. Er wollte die Seelen heilen. »Wenn ein Mensch einen kranken Körper hat«, dachte er, »und seine Seele gesund ist, dann geht es ihm am Ende gut; aber einem Menschen mit einem gesunden Körper und einer kranken Seele geht es etwa sechzig Jahre lang äußerlich gut, aber danach muss er die Ewigkeit in der Hölle verbringen.«

Denjenigen, die sagten, er hätte die Medizin nicht aufgeben sollen, entgegnete Martyn: »Manchmal müssen wir das, was gut ist, für das aufgeben, was das Beste von allem ist – die Freude des Heils und das neue Leben mit Jesus.«

Wales' neuer Arzt der Herzen

8

Man schrieb das Jahr 1926. Der junge liberale Politiker Winston Churchill war britischer Schatzkanzler (Finanz- und Wirtschaftsminister). Das war der Mann, den Martyn kurz vor dem Krieg im House of Commons so bewundert hatte. Winston Churchill war ein prominenter Politiker und hatte eine führende Rolle bei der Niederschlagung des Generalstreiks Anfang des Jahres gespielt. Dies hatte den Vorsitzenden der Labour-Partei, Ramsay MacDonald, der für den südwalisischen Wahlkreis Aberavon als Abgeordneter tätig war, verärgert. Einer der größten Bewunderer von Ramsay MacDonald in der Stadt Aberavon war ein junger Waliser namens Rees. Rees sah sich als walisischer Erweckungsprediger. Er war auch der Meinung, dass der Sozialismus die Antwort sei. »Wenn wir eine Regierung der Labour-Partei an die Macht bekommen, dann wird die Welt wieder in Ordnung sein«, so dachte er. »War der Gründer der Labour-Partei, Keir Hardie, nicht schließlich ein Christ?«

»Das Traurige ist«, sagte Martyn zu seinem Freund Ieuan Phillips, den Gott auch zum Dienst nach Wales berufen hatte, »dass diese Prediger das Evangelium, die Frohe Botschaft von Jesus, vergessen haben. Sie haben alles Geistliche aus der Bibel herausgenommen und es in reine Politik verwandelt. An der Politik ist zwar nichts auszusetzen; aber es geht dabei wieder nur um die Symptome, nicht um die Krankheit.«

»Du und deine Schwester Bethan, ihr habt die Erweckung vor 21 Jahren selbst erlebt«, fügte Martyn hinzu.

»So ist es«, antwortete Ieuan.

Damals waren der achtjährige Ieuan und die sechsjährige Bethan in den Zug von London nach Südwales gesetzt worden, um ihren Großvater Evan Phillips in der Stadt Newcastle Emlyn zu besuchen, wo er eine Gemeinde leitete. Dort waren in der walisischen Erweckung von 1904-1905 Hunderte von Menschen zum wahren Glauben an Jesus Christus gekommen, und viele, die bereits Christen waren, wurden in ihrem geistlichen Leben wieder neu belebt und ermutigt.

»Aber man kann nicht von der Vergangenheit leben«, betonte Martyn gegenüber seinem Freund, als sie zum Haus der Phillips in Harrow gingen. »Erinnerungen retten die Menschen nicht. Das tut Gott. Das heutige Wales muss ebenfalls die wahre Botschaft des Heils hören, seine Sünden bereuen und im Glauben zu Christus kommen. Diese Menschen brauchen eine geistliche Lösung, keine politische.«

Es gab allerdings noch einen anderen Grund, warum Martyn nach Harrow fuhr, als einfach nur mit seinem Freund zu reden. Er würde nicht allein nach Wales gehen. Die schöne und gottesfürchtige Bethan, die inzwischen selbst als Ärztin am University College Hospital in London qualifiziert war, konnte er nicht vergessen. Auch Bethan dachte immer wieder an Martyn, den sie vor einigen Jahren abgewiesen hatte. Mit der Einwilligung der Eltern machte er ihr erneut einen Heiratsantrag, und dieses Mal sagte sie Ja.

Ein neugieriger Journalist wartete vor dem Haus in Harrow. »Was für eine Story!«, rief er aus. »Ein erstklassiger junger Londoner Arzt heiratet eine hoch angesehene walisische Schönheit und gibt alles auf, um in die Slums von Wales zu gehen, in den Wahlkreis des Labour-Vorsitzenden, nach Aberavon. Sie wollen Missionar werden, Dr. Lloyd-Jones?

Wie kommt das? Dies mag der finsterste Teil von Wales sein, worüber wir hier sprechen.«

»Nun ja, in den ärmeren Teilen von Wales gibt es auch kleine Gemeinden«, erklärte Martyn. »Und ich werde zu einer dieser Gemeinden gehen, nach Sandfields, Aberavon.«

»Ist das nicht ein bisschen stickig, mit den Gaswerken, und ziemlich brutal, mit all den rauen Männern in den Docks von Port Talbot, die ständig betrunken und so gewalttätig sind?«

»Ja, aber die Bibel sagt, dass es Hoffnung für jeden Sünder gibt«, erwiderte Martyn.

»Sind Sünde und Errettung heutzutage nicht etwas Altmodisches?«, warf der Journalist ein.

»Nein, überhaupt nicht. Ich bin Arzt, und gemäß der Lehre Jesu sind es die geistlich Kranken, die das Heilmittel der Errettung brauchen. Zumindest wissen die Menschen dort, dass in ihrem Leben etwas nicht stimmt.«

Martyn und Bethan heirateten im Januar 1927. Und nach den Flitterwochen zogen sie in ein heruntergekommenes Reihenhaus in Sandfields, Aberavon. Als sie ihr gemeinsames Eheleben begannen, war er ein sehr unterbezahlter junger Prediger, der mit seiner Frau in einer armen Gemeinde unterkam, die nur wenig Geld zur Verfügung hatte.

Es dauerte nicht lange, und Martyn und Bethan waren nicht mehr allein. Ende Oktober wurde ein kleines Mädchen, Elizabeth, geboren. Das neue Trio von dunkelhaarigen Lloyd-Jones lebte glücklich in ihrem neuen Zuhause. Die Nachricht über diesen energischen jungen Prediger, der von London zurück nach Wales gezogen war, sprach sich in der Stadt schnell herum.

»Ich habe hier einen der Generäle des Teufels«, sagte ein Mann eines Sonntags nervös. Tatsächlich hatte er das. Mark

McCann konnte man so bezeichnen. Er war ein hagerer Mann, dessen Temperament und Fäuste in ganz Südwales berüchtigt waren.

»Was für ein schrecklicher Schnauzbart!«, würde manch einer ausrufen. McCann hatte einen unglaublichen Schnurrbart, auf den er unheimlich stolz war. Wenn es jemand wagte, ihn oder seinen Schnurrbart abzuwerten, explodierte sein hitziges Temperament. Zack! Jeder, der es wagte, ihn herauszufordern, ging zu Boden – mit einem heftigen Faustschlag niedergestreckt. Er war ein fähiger Kämpfer, und das wusste er auch.

McCann war so gewalttätig, dass er eines Tages, als er nach Hause kam und sah, dass sein Hund das fraß, was eigentlich sein Abendessen hätte sein sollen, ein Tranchiermesser herausholte und den Hund niederstach. Wie furchtbar! McCanns Gewalttätigkeit war unkontrolliert und sehr bösartig. Als er eines Tages in der Kirche auftauchte, war es nicht verwunderlich, dass viele Leute, die ihn sahen, sich zu Tode erschraken. Doch für Gott ist niemand zu schwer zu bekehren und völlig zu verändern. An diesem Abendgottesdienst redete der Herr besonders zu seinem Herzen. Durch die klare Botschaft des Evangeliums wurde er von seinen Sünden überführt und bat Gott um Gnade und Vergebung. Er erkannte, dass Gott ihm nur durch das Opfer Jesu am Kreuz vergeben konnte. Mark McCann, der brutale Straßenkämpfer, bereute wirklich seine Sünden, brachte alles in Ordnung, was er nur konnte, und begann sein Leben neu, diesmal mit Jesus als Vorbild.

»Das Problem ist, Mrs. Lloyd-Jones«, erklärte McCann Bethan eines Tages, »dass ich nicht lesen kann.«

Das konnte er tatsächlich nicht. Von nun an war für ihn das Leben ein Kampf – sowohl mit seinem jähzornigen Temperament als auch dadurch, dass er erst jetzt lesen lernte, nachdem er die Schule längst verlassen hatte.

»Ich bin nie regelmäßig zur Schule gegangen«, gestand er, »ich bin immer wieder weggelaufen.« Bethan musste ein Buch für Anfänger finden. Das einzige Buch, das sie zur Hand hatte, war »Die rote Henne« von der kleinen Elizabeth – schwerlich geeignet für einen erwachsenen Mann.

»Für mich sieht das alles fremdartig aus«, murmelte McCann. Für ihn war das Lesen eines Buches ungefähr das, was für dich und mich wahrscheinlich das Lesen ägyptischer Hieroglyphen wäre.

»Warum versuchen wir es nicht mit der Bibel?«, schlug Bethan schließlich vor.

Sie begannen also mit dem Johannesevangelium, Kapitel zehn.

»D, A, S«, buchstabierte Bethan. »Zusammengesetzt bedeutet es immer ›das‹.«

McCann machte nur langsam Fortschritte. Nach einer Weile schien er in der Lage zu sein, Teile des Johannesevangeliums richtig zu lesen. Aber als sie ihn mit dem Markus-Evangelium konfrontierte ...

»Ich kann dieses Buch nicht lesen – auch wenn mein Name draufsteht.«

Bethan fragte sich, ob McCann Johannes 10 wohl auswendig gelernt hatte. Also gingen sie zurück zu Johannes. Von wegen Fortschritt! »Ich mag Johannes 14 und 15«, sagte er. Bald war klar, dass er eine Brille brauchte, und er war auch sehr stolz darauf.

Eines Tages erkannte Martyn ihn kaum wieder.

»Dein Schnurrbart – der ist ja verschwunden!«

Martyn, der wusste, dass McCann sich in der Vergangenheit deswegen oft heftig gestritten hatte, war besorgt, dass irgendein Wichtigtuer in der Gemeinde ihm befohlen hatte, ihn zu entfernen.

»Naja, Herr Doktor, ich habe mich rasiert und habe beschlossen, dass so etwas nichts für mich ist. Also habe ich ihn abgeschnitten.«

McCann wollte einen klaren Bruch mit seiner Vergangenheit vollziehen. Gegen einen Schnauzbart war schließlich nichts einzuwenden. Aber die Erinnerungen, die damit verbunden waren, mussten weg; also wurde er abgeschnitten.

Dann an einem heißen Sommertag wurde Bethan gebeten, so schnell wie möglich zum Haus der McCanns zu kommen. Draußen war es schon heiß, aber drinnen herrschte eine Hitze wie in einem Backofen. Mrs. McCann hatte die Heizung auf Hochtouren laufen lassen. Mark McCann saß da und sah totenblass und starr aus. Er war schwer erkrankt, als Folge seiner Arbeit in den Anthrazitminen. Damals waren viele Krankheiten, die wir heute gut behandeln können, noch gar nicht behandelbar. Die dazu nötigen Medikamente waren einfach noch nicht entdeckt worden. Nicht einmal Martyn Lloyd-Jones kannte ein Heilmittel für diese Krankheit. Also starb Mark McCann. Aber seine Tage roher Gewalt, in denen er vor einem Kampf immer zwei Freunde bei sich haben musste – nicht etwa, um ihm zu helfen, sondern um ihn davon abzuhalten, sein Opfer nach dem Sieg umzubringen –, waren nun vorbei. Er hatte Jesus, den Friedefürsten, gefunden, und seine Seele war nun beim Herrn.

In Aberavon gab es noch einige andere erstaunliche Bekehrungen. Einer jener Bekehrten war als »Staffordshire Bill« bekannt.

»Schau mal, da schläft ein Mann auf dem Fischwagen! Ich hoffe, der kleine Esel weiß, wie er ihn nach Hause bringen kann.«

»Ich fürchte, er ist nicht eingeschlafen.«

Nein, er war stockbetrunken und wurde von seinem

treuen Esel den Hügel hinauf zu seinem Haus gebracht. In Wahrheit war Staffordshire Bill sehr oft betrunken. Das war ein wesentlicher Bestandteil seines Lebens. Oft wurde er im Vollrausch zu seinem Haus gebracht, wo seine Frau ihn bereits geduldig erwartete.

Eines Abends trank er wieder einmal sehr viel. Er war in einem schlechten Zustand, und die Leute um ihn herum sagten:

»Was für ein Gestank! In seiner Nähe hält man es nicht aus.«

»Was für eine unanständige Sprache! Nicht einmal ich fluche so schlimm.«

Staffordshire Bill, der eigentlich William Thomas hieß, war Alkoholiker, und seine Ausdrucksweise war schrecklich. An diesem Abend war er jedoch nüchtern genug, um zu hören, was die Leute um ihn herum sagten.

»Weißt du, was Dr. Lloyd-Jones sagt?«

»Nein, was denn?«

»Es gibt Hoffnung für Sünder.«

Hoffnung für Sünder! Das bedeutete: Hoffnung für »Staffordshire Bill«. Und so stand er eines Sonntagabends vor der Kirche. Er sah zu, wie die Leute hineingingen. Aber so sehr er auch das Bedürfnis verspürte, hineinzugehen – er konnte sich einfach nicht dazu überwinden.

Eine qualvolle Woche verging. Der zweite Sonntag kam. Wieder stand er vor der Kirche und beobachtete die Menschenströme, die hineingingen, um Dr. Lloyd-Jones zu hören. Würden sie wirklich jeden aufnehmen? Jemanden mit seiner »Erfolgsgeschichte«? Wieder ging Staffordshire Bill traurig nach Hause, weil er sich nicht hineinzugehen traute.

Der dritte Sonntag kam. Diesmal ging er hinein. Dort hörte er, dass das Evangelium von Jesus Christus wirklich für jeden Sünder bestimmt war.

An diesem Abend wurde er durch Gottes Gnade errettet. Er hatte zwar viele Jahre mit sinnlosem Trinken und schrecklichen Wutanfällen verbracht, aber all das war ihm nun vom Vater im Himmel durch Jesus Christus vergeben worden. Staffordshire Bill war jetzt ein völlig neuer Mensch.

Einige der Trinker, die gläubig wurden, kamen spät abends zum Haus der Lloyd-Jones und sagten zu dem müden Martyn: »Hier ist meine letzte Flasche, Doktor. Ich traue mir selbst nicht über den Weg. Nimm du sie.«

Martyn, Bethan und Elizabeth rührten nie einen Tropfen Alkohol an, vor allem nicht, nachdem sie gesehen hatten, wie so viele Existenzen durch den Alkohol zerstört worden waren. Staffordshire Bill oder William, wie er jetzt genannt wurde (der alte Name war zu sehr Teil seiner Vergangenheit), gab also die Flasche auf.

Aber er hatte immer noch Probleme. Eines davon betraf seine Sprache. Einmal ärgerte er sich über seine Socken und fluchte laut. Er wusste, dass das eine schlechte Sache ist. Jesus wäre es niemals recht, dass er solche Schimpfwörter benutzte. Also betete er zu Gott, dass Er ihm helfen möge, solche abscheulichen Worte aus seinem Sinn zu verbannen, und Gott tat es. Nach einer Weile erinnerte er sich jedoch an etwas, das er vor langer Zeit einmal über Jesus gesagt hatte. Er klopfte an die Tür des Hauses der Lloyd-Jones. Martyn war solche Besuche inzwischen gewohnt.

»Vor einigen Jahren, Doktor«, sagte er zu Martyn, »habe ich Jesus beschimpft ... und zwar auf eine Weise, die Sie nicht hören wollen ... Ich bin sicher, dass das eine so schreckliche Sünde ist, dass Er mir niemals vergeben könnte. Ich bin verloren.«

»William, Jesus hat dich errettet«, erklärte Martyn. »Dass du darüber beunruhigt bist, dass du gegen Gott gesündigt hast, zeigt, dass Er dir neues Leben geschenkt hat. Bekenne

Ihm deine Sünde, und Er wird dir um Jesu willen vergeben und dir die Gewissheit deiner Errettung schenken.«

Einige Zeit nach dem Gespräch musste sich der arme William einer Augenoperation unterziehen. Die Operation verlief zwar gut, aber er konnte nicht mehr lesen. Das bedeutete, dass er die Bibel nicht mehr lesen konnte. Das machte den Mann sehr traurig. Doch wie gut, dass gerade Bethans Vater zu Besuch war. Er war ja, wie du vielleicht noch weißt, ein berühmter Augenchirurg in London. Er warf einen Blick auf Williams Augen. »Es ist eine ganz einfache Sache: Du brauchst eine extrastarke Brille.«

Also bekam William eine neue Brille, und es funktionierte. Er konnte wieder lesen.

Eines Tages wurde Martyn gebeten, ihn zu besuchen.

»Er atmet sehr schwer«, stellte Martyn fest. »Ich fürchte, es ist eine Lungenentzündung.«

Das war noch in der Zeit, bevor es Antibiotika gab. William erholte sich nicht. Doch er kannte den Herrn Jesus und durfte nun zu Ihm gehen.

Eine große Entscheidung

9

Die Ärzte in Aberavon brauchten eine Weile, um Martyns Anwesenheit in der Stadt zu akzeptieren. Zunächst einmal waren sie ziemlich misstrauisch. Schließlich war niemand von ihnen so gut qualifiziert wie er.

Aber nach einigen seiner bemerkenswerten Diagnosen überwanden sie bald ihre Ängste und erkannten, dass er ein Freund und kein Feind war.

Wenn es sich um einen wirklich schwierigen Fall handelte, schickten sie den Patienten oft zu ihm, zumal er alles umsonst machte. Damals mussten die Menschen normalerweise für die medizinische Versorgung bezahlen. Das konnte unter Umständen sehr teuer werden. Aber Martyn verlangte nichts dafür.

Einmal musste Martyn sogar ein echtes Rätsel lösen.

Zwei ehemalige Krankenschwestern vom St. Bartholomews waren nach Wales zurückgekehrt, um dort zu wohnen. Eine von ihnen litt scheinbar an einer sehr mysteriösen Krankheit, sodass sie von ihrer Familie gedrängt wurde, einen Arzt aufzusuchen. Sie wurde von vielen Ärzten untersucht, doch niemand konnte etwas bei ihr finden. Aber ihre Familie bestand darauf, und auch ihre Freundin, die sich um sie kümmerte. Irgendetwas war nicht in Ordnung ...

Schließlich wurde Martyn hinzugezogen, um zu sehen, ob er eine richtige Diagnose stellen konnte. Er merkte sofort, dass sie körperlich kerngesund war, und grübelte über den Fall nach. Dann fragte er die beiden Schwestern: »Irgendetwas ist beim Barts schief gelaufen, stimmt's? Sie sind doch gar nicht wirklich krank!«

»Nun, Herr Doktor, eine von uns wurde bei etwas erwischt, das dort nicht erlaubt ist ...«

Die entlassene Krankenschwester hatte sich »krank« gestellt, um gegenüber ihrer Familie zu Hause einen Vorwand zu haben, warum sie London hatte verlassen müssen. Ihre Freundin war gekommen, um ihr dabei zu helfen.

Martyn konnte somit eine vollständige »Heilung« verkünden.

Bald verbreitete sich der Ruf des Predigers weit und breit. Er wurde gebeten, in ganz Wales zu predigen.

Eine Dame, die etwa hundert Jahre alt zu sein schien, fragte ihn: »Doktor, würden Sie bitte jedes Jahr in unserer Gemeinde predigen, solange ich noch am Leben bin?« – »Das wäre mir eine Freude«, antwortete er, zumal die Dame aussah, als würde sie bald im Grab liegen.

Diese alte Dame lebte und lebte aber immer weiter. Für den Rest seiner Zeit in Wales durfte Martyn jedes Jahr in dieser Gemeinde die Heilige Schrift auslegen.

Er wurde sogar gebeten, nach Amerika zu kommen, um auch dort zu predigen.

Heutzutage können wir zum Flughafen gehen und in wenigen Stunden am anderen Ende der Welt sein. Aber damals konnte selbst eine Reise mit dem Flugzeug sehr langwierig sein, und außerdem war sie zu teuer, denn kaum jemand legte so weite Strecken zurück. Also reiste Martyn stattdessen mit dem Schiff, und die Reise dauerte fast eine Woche. Damit begann seine gute Beziehung zu Amerika. Später dann, als die Flüge billiger und kürzer wurden, kam ihm die Reise mit dem Flugzeug sehr gelegen. Er verbrachte manch einen Sommer teilweise damit, dort zu predigen.

Im Jahre 1937 waren Martyn und seine junge Familie bereits seit zehn Jahren in Aberavon. Das konnten sie auf eine ganz besondere Weise feiern. Ihre zweite Tochter, Ann, wurde geboren. Nun hatten sie zwei Töchter, und Elizabeth, die sich schon immer eine kleine Schwester gewünscht hatte, war überglücklich. »Kann ich mich um das kleine Baby kümmern?«, fragte Elizabeth aufgeregt.

Auch sonst tat sich einiges. Martyn war als Prediger von Gott so gesegnet, dass die Leute an anderen Orten feststellen mussten: »Dieser Martyn Lloyd-Jones wäre ein guter Prediger für unsere Gemeinde.« Viele Gemeinden suchten ihn auf, aber er antwortete immer mit einem Nein. Dann geschah eines Tages etwas, das all das veränderte. Eine der größten Gemeinden in London, die Westminster Chapel, in deren Nähe er als Junge gelebt hatte, fragte Martyn, ob er in ihrer Gemeinde dienen wolle. Der Pastor, ein sehr bekannter Prediger namens J. Campbell Morgan, war alt geworden.

»Was ich mir wünschen würde«, sagte er zu seiner Gemeinde, »wäre jemand, der die Gemeinde für ein paar Jahre mit mir zusammen leitet, jemand, dem ich dann die Leitung übergeben kann.«

Die Chapel war riesig, so groß wie eine Kathedrale. Jeden Sonntag kamen dort über 2000 Menschen zum Gottesdienst. Für viele von euch ist eine Gemeinde dieser Größe sicher unvorstellbar groß!

Die meisten Gemeindemitglieder waren der Meinung: »Für eine Gemeinde wie diese brauchen wir einen ganz besonderen Bruder als nächsten Pastor. Es gibt keinen Zweifel, wer das ist: Es muss Martyn Lloyd-Jones sein!«

So rief ihn nun *die* Gemeinde auf, ihr als Prediger zu dienen, die Gott zu Martyns eigener Bekehrung benutzt hatte. Martyn wusste nicht so recht, ob er zusagen sollte oder nicht. Er war zehn Jahre in Aberavon gewesen – alles ganz besondere Jahre. Er hatte ganz bewusst auf Ruhm und Reichtum in London verzichtet, um nach Wales zu gehen.

»Wir werden die Freunde, die wir hier gefunden haben, vermissen«, sagte er zu Bethan, als sie darüber sprachen. »Aber die eigentliche Frage ist: Will Gott, dass ich gehe? Wenn ja, dann wäre es richtig, Ihm zu folgen. Aber wenn nicht, dann sollte ich ablehnen.« Die Entscheidung war nicht leicht.

Aber schließlich waren sie überzeugt: Sie würden Wales verlassen, um wieder nach London zu gehen.

Gegen Ende ihrer Zeit in Aberavon passierte noch etwas Lustiges. Sie entdeckten, dass sie noch alle Alkoholflaschen hatten, die sie von denjenigen bekommen hatten, die durch die Gnade Gottes errettet wurden. Eines Nachts, als es stockdunkel war, verschenkten sie all diese Flaschen an einen Arzt, der sie in seiner Praxis medizinisch verwenden konnte.

Es war 1938, als Martyn und Bethan mit ihren Töchtern Elizabeth und Ann nach London zogen. Sie bekamen ein Haus in Ealing, einem Vorort im Westen Londons, nicht weit vom Londoner Flughafen entfernt. Doch was war das für eine Zeit!

Der Krieg rückte näher und näher. Dann im September 1939 begann er. Bald schon fielen Bomben auf London.

Die kleine vierköpfige Familie, die gerade erst hierher gezogen war, musste sich, wie viele andere Familien auch während des Krieges, für eine Zeit lang trennen, da es für Elizabeth und Ann zu gefährlich war. Wie viele andere Kinder wurden auch diese beiden für einige Zeit evakuiert und aufs Land gebracht.

Es sollte noch eine ganze Weile dauern, bis sich alles wieder normalisiert hatte. Martyn und seine Familie waren zehn

Jahre lang in Südwales gewesen. Sie ahnten nicht, dass sie dreißig Jahre lang in London in der Westminster Chapel verbringen würden!

Die Zeit in der Westminster Chapel

10

»Wow, es ist Sonntag – ich kann es kaum erwarten, zum Gottesdienst zu gehen!«

Geht es dir sonntagmorgens auch so? Was würdest du denken, wenn du von 11 Uhr vormittags bis 20 Uhr abends in der Kirche sein solltest? Neun Stunden in der Kirche! Wärst du dann immer noch so begeistert? Für viele Menschen, die zur Westminster Chapel gingen, waren die Sonntage sogar noch anspruchsvoller. Sie waren eine ganze Stunde unterwegs, nur um dorthin zu gelangen, und manchmal sogar noch länger.

Während des Krieges von 1939 bis 1945 wurde es dann gefährlich, mittags nach Hause zu fahren – schließlich könnte gerade eine Bombe fallen. Einmal traf eine Bombe ein Gebäude in der Nähe der Chapel. BUMM! An der Decke der Chapel löste sich etwas und fiel auf Martyns Kopf. Dem Herrn sei Dank, dass er nicht verletzt wurde, aber es war ein ziemlicher Schock.

So gewöhnten sich die Leute daran, wegen der Gottesdienste den ganzen Sonntag in der Stadt zu bleiben. Nach dem Krieg beschlossen sie, diese Gewohnheit beizubehalten. Und wenn man mehr als eine Stunde entfernt wohnte, wäre es auch unsinnig gewesen, viermal am Tag hin und her zu fahren, zwei Stunden hin und zurück für den Morgengottesdienst, zwei Stunden hin und zurück für den Abendgottesdienst.

»Wir sollten die Sonntagsschule am Nachmittag durchführen, nach dem Mittagessen und vor der Teepause«, schlug jemand vor, und so wurde es dann auch beibehalten.

Der morgendliche Gottesdienst wurde jeden Sonntag von Hunderten von Menschen besucht. Stell dir einmal vor, dass jeden Sonntagmorgen über 2000 Menschen in deiner Gemeinde wären. Die Lieder und Gebete waren vielleicht die gleichen wie die, die du an Sonntagen gewohnt bist. Aber die Predigten waren anders, als die meisten sie heute kennen.

»Die Worte, auf die ich heute Morgen eure Aufmerksamkeit lenken möchte …«, so begann Martyn jeden Sonntagmorgen. Er fand die Bibel wirklich aufregend. »Sie ist Gottes heiliges, inspiriertes Wort; Gott Selbst spricht dadurch zu uns.« Martyns Art zu predigen bestand darin, die Bibel sehr sorgfältig Vers für Vers auszulegen. Manchmal, zum Beispiel als er die Geschichte von der Begegnung Jesu mit Johannes dem Täufer erklärte, war er so erfreut von dem, was Gott uns damit sagt, dass er ein ganzes Jahr lang nur über zwei Verse predigte. »Viele Menschen nennen sich Christen, aber sie haben kein wirkliches Leben in sich. Das ist es, was wir brauchen: geistliches Leben!«

Erscheint dir die Lehre von Gott, die man »Theologie« nennt, langweilig, wenn du sie in der Sonntagsschule lernst? »Feuer« würde Martyn sie nennen. Er erklärte: »Theologie wird durch jemanden vermittelt, der für Gott brennt. Das ist aufregend!« Predigen nannte er darum »feurige Logik«.

Erinnerst du dich noch daran, dass er Medizin studiert hatte? Er lernte es, jeden Patienten sorgfältig und konsequent zu untersuchen, um herauszufinden, was wirklich mit ihm los war. »So ist es auch beim Predigen«, erläuterte er. »Wir müssen uns fragen: Was sagt Gott tatsächlich in Seinem Wort? Und was bedeutet das für uns heute? Was ist falsch an der Welt um uns herum? Das ist der logische Teil.« Dass Gott ihn zuerst zu einem Arzt ausbilden ließ, war kein Zufall. Diese Ausbildung war keineswegs umsonst gewesen.

Aber das Predigen bedeutete für ihn auch »Feuer«, weil Gottes Wort, das durch die Predigt zu uns spricht, uns mit Eifer für das entflammt, was wir von Ihm hören und darüber, wie wir leben sollen. Das war es, was Martyns Predigten so besonders machte und warum die Menschen jeden Sonntag kilometerweit reisten, nur um ihn predigen zu hören.

Was er predigte, enthielt immer eine gewisse Logik: A führt zu B, B führt zu C, C führt zu D. Aber es hatte auch Vollmacht. Die Predigten waren immer auf der Bibel gegründet, immer auf Gottes Wort, nicht einfach auf Martyns eigenen Ideen. Er hatte niemals vor, die Menschen mit seinen Predigten zu unterhalten. Doch so, wie die Bibel immer auf unsere Bedürfnisse zugeschnitten ist, so waren es auch Martyns Predigten – für den einen Trost, für den anderen Ermahnung, ein weiterer wurde zur Buße geleitet … Jemand sagte einmal: »Es ist so, als ob die anderen 1999 Menschen nicht hier wären und ihm zuhörten – als ob seine Predigt direkt an mich gerichtet sei.« Das Erstaunliche war, dass die anderen 1999 Leute wahrscheinlich genau dasselbe empfanden. Dennoch stand im Mittelpunkt seiner Predigt nie der Zuhörer, sondern immer Christus und Sein kraftvolles Wort.

Die Heilige Schrift zeigt uns aber auch, dass das Leben eines echten Christen nicht ohne Schwierigkeiten verläuft. Gott schenkt Seinen Kindern schwierige Zeiten, um sie zu erziehen, zu heiligen und zu stärken. Martyn wusste das auch, nicht nur weil die Bibel es lehrte. Er wusste es, weil auch er hin und wieder durch dunkle Täler gehen musste und niedergeschlagen und traurig war. Er verstand, was das bedeutete, denn Gott musste auch ihn erziehen und umgestalten.

In seinen Predigten – vor allem in denen für die Gemeinde am Sonntagmorgen – zeigte er, dass auch Gott unser Leid kennt und für uns sorgt. Die Bibel ist ein äußerst praktisches Buch, das wie kein anderes die Fragen des wirklichen Lebens behandelt. Das liegt daran, dass es kein anderes Buch wie die Bibel gibt. Sie ist das einzige Buch, in dem Gott direkt zu uns spricht. Deshalb benutzte Martyn die Bibel immer als Grundlage für alles, was er predigte. Er hat sich seine Predigten weder einfach ausgedacht noch eine Menge Geschichten erzählt. Er wusste aber auch, dass selbst eine gut vorbereitete und biblisch fundierte Predigt nichts bewirken kann, wenn der Herr ihn nicht durch Seinen Geist bevollmächtigte und sie in den Herzen der Zuhörer wirksam werden ließ.

Nach dem Morgengottesdienst blieben fast alle zum Mittagessen da. Die Kapelle hatte viele Räume im hinteren Bereich, einschließlich zweier Küchen. Ich kann mich noch gut daran erinnern, wie ich in dem kleineren Esszimmer gesessen habe und zum Mittagessen genüsslich eine Ofenkartoffel aß. Als wir noch Kinder waren, waren sonntags unsere Backkartoffeln mit einem Kreuz gekennzeichnet, das von einem C für Catherwood eingerahmt war, damit niemand aus Versehen unsere Kartoffeln aß.

Nach dem Mittagessen folgte die Sonntagsschule. Anders als in vielen Gemeinden war die Sonntagsschule für alle Altersgruppen gedacht. Bethan leitete die Sonntagsschulklasse der Frauen, genau wie sie es in Wales getan hatte. Sie las zweimal im Jahr ihre gesamte Bibel durch und studierte viele Jahre lang jeden Sonntagnachmittag das Alte Testament mit der Sonntagsschulklasse für Frauen. Dadurch kannte sie das Alte Testament wirklich gut. Wir vergessen manchmal die komplizierten Namen der Personen des Alten Testaments. Bethan aber konnte sich an viele gut erinnern. Wenn Martyn also etwas vergessen hatte, fragte er sie. Sie erinnerte sich immer.

Es gab auch eine gemischte Klasse für Schüler im Alter von sechzehn bis Anfang vierzig unter der Leitung von Martyns Schwiegersohn Fred. Viele lernten damals ihren späteren Ehepartner in der Sonntagsschule kennen.

Nach der Sonntagsschule war es Zeit für den Tee. Viele setzten sich in eine andere Gruppe als die, mit der sie zu Mittag gegessen hatten, sodass man noch mehr Gemeindemitglieder besser kennenlernte.

Obwohl viele einen weiten Weg zum Gottesdienst zurückgelegt hatten, herrschte in der Westminster Chapel ein starkes Gemeinschaftsgefühl, ein Miteinander von Christen, die sich an dem erfreuten, was die Bibel »Gemeinschaft« nennt. Sie waren ein Herz und eine Seele.

Nach dem Tee fand die Gebetsgemeinschaft statt, welche von Martyn selbst geleitet wurde. Die Menschen beteten für die Bedürfnisse der Gemeinde und für alles, was sie gerade beschäftigte.

Dann gab es den Abendgottesdienst. Auch jetzt hielt Martyn die Predigt. Diese Predigten unterschieden sich insofern von denen, die er am Morgen hielt, als dass sie sich an Nichtchristen richteten, um ihnen zu zeigen, warum sie Jesus Christus als ihren Retter und Herrn brauchten.

»Die modernen Menschen halten sich für so hochentwickelt«, pflegte Martyn zu sagen, »aber sie sind so heilsbedürftig wie nie zuvor.«

Diese Predigten waren bibeltreu, logisch und feurig zugleich. Es gab die Logik der Torheit, die den Grund dafür aufzeigte, dass man Gott ablehnte, wie auch das Feuer der lebenswichtigen Dringlichkeit, die Botschaft Gottes zu beherzigen. Manche Prediger rufen am Ende einer solchen evangelistischen Predigt ihre Zuhörer dazu auf: »Wer möchte, darf jetzt aufstehen und sich für Jesus entscheiden!« Martyn hat so etwas nicht getan. Er wusste, dass Menschen ohne Druck, Manipulation oder eine emotionale Atmosphäre wahre Christen werden, wenn Gott durch den Heiligen Geist in ihnen wirkt. Nicht du kannst dich für Gott entscheiden, sondern Gott streckt sich in Seiner Liebe und Gnade nach dir aus und zieht dich zu Jesus; Martyn wusste das aus der Bibel. Wenn Gott das Herz eines Sünders öffnet, dann wendet sich der Sünder Christus zu.

Viele Hunderte von Menschen haben im Laufe der Jahre in der Westminster Chapel den rettenden Glauben aus Gnade von Gott geschenkt bekommen. Viele kamen nach dem Gottesdienst in Martyns Arbeitszimmer, um noch mit ihm zu sprechen oder zu beten. Martyn war der Überzeugung, dass Gott die Ernte einbringen wird, wenn man Sein Wort in aller Treue und Klarheit predigt. Für ihn galt: keine kurzen Predigten, sondern tiefgründige Auslegungen.

Nach dem Abendgottesdienst blieben viele noch zum Kaffeetrinken, bevor sie nach Hause gingen – eine letzte Gelegenheit, sich zu unterhalten und über das Gepredigte auszutauschen.

Die Menschen, die die Gottesdienste besuchten, kamen nicht nur aus dem gesamten Südosten Englands. Es waren Dutzende von Nationalitäten anwesend.

»Ich komme aus Nigeria.«
»Ich komme aus den USA.«
»Ich komme aus Deutschland.«
»Ich bin aus Hongkong.«

Tatsächlich gab es nur wenige Teile der Welt, die nicht von jemandem in der Westminster Chapel vertreten wurden. Es war wie bei all den verschiedenen Nationalitäten, von denen man in der Pfingstgeschichte in der Bibel liest (Apg. 2,1-13). Auch kamen viele Studenten und Besucher aus den verschiedensten Ethnien und Ländern jeden Sonntag in die Chapel.

Du kennst sicher die Frage, die vor dem Wochenende oft gestellt wird: »Was machst du am Freitagabend?« In der Westminster Chapel war die Antwort auf diese Frage vielleicht anders als üblicherweise. Weil die Leute von so weit her kamen, war es unmöglich, eine Versammlung in der Mitte der Woche abzuhalten, zu der alle kommen konnten. Also traf man sich stattdessen am Freitagabend, denn die Leute mussten am nächsten Tag, einem Samstag, nicht zur Arbeit gehen.

Zunächst war es einfach eine Diskussionsgruppe. »Also, Fred«, begann Martyn gegenüber einem besonders mutigen und redseligen Zuhörer aus dem Publikum, »glaubst du wirklich an A, B und C?«

»Ja, Herr Doktor, das tue ich!«, rief Fred aus. (Alle in der Gemeinde nannten Martyn »Herr Doktor«, und in der Regel sprachen sie von ihm einfach als dem »Doktor«.)

»Also«, entgegnete Martyn, »das bedeutet logischerweise, dass du auch an D, E und F glauben musst.«

»Tatsächlich?«

»Nun, wenn du deine Argumentation richtig nachvollziehst. Wo in der Bibel findest du denn die Argumente für D, E und F?«

Lange Pause ... »Also, vielleicht steht ja D in der Bibel, aber nicht die Punkte E und F.«

»Also ist dein Argument nicht vollständig biblisch begründet?«

Fred, der später Elizabeth, die Tochter des Doktors, heiratete, war mutig genug, seine eigenen Argumente in der Öffentlichkeit prüfen zu lassen und Martyn als Gegenspieler zu dienen, um zu zeigen, dass jedes Argument vollständig biblisch sein muss, um wahr zu sein.

»Hat Luther nicht G gesagt?«, fragte zum Beispiel jemand.

»Ja«, antwortete der Doktor daraufhin, »aber was war dabei Luthers biblische Grundlage?«

Das ist eine wichtige Frage – du musst das, was du sagst, nicht darauf stützen, was X oder Y sagt, sondern darauf, was die Bibel sagt. Ist das nicht ein Teil dessen, worum es bei der Reformation in erster Linie ging? Anstelle von »Die Kirche sagt« oder »Der Heilige Soundso hat geschrieben« oder »Papst Soundso hat entschieden« ist es die Schrift allein – »sola scriptura« –, welche die wahren Christen bibeltreu macht.

Und natürlich sollten wir jetzt, da Martyn nicht mehr unter uns weilt, nicht damit argumentieren: »Also, das hat Dr. Lloyd-Jones immer gesagt.« Er hätte nicht gewollt, dass wir das tun. Es kommt doch darauf an, was die Bibel sagt, und nicht darauf, was ein Mensch über ein Thema denkt. Wie so oft hat Martyn Lloyd-Jones manche Dinge, die man ihm zuschreibt, wahrscheinlich ohnehin nie gesagt oder gedacht. Man benutzt einfach seinen Namen, um den eigenen Gedanken eine gewisse Autorität zu verleihen. Martyn hasste es, wenn man seine Worte oder die eines anderen so zitierte, als hätten sie den gleichen Stellenwert wie die Bibel.

Nach einer Weile wurden die Freitagabende dann so gut besucht, dass sie in den Gemeindesaal verlegt wurden, und Martyn nutzte sie als Gelegenheit, um biblische Themen ausführlicher zu behandeln. Er predigte zum Beispiel etwa dreizehn Jahre über den Römerbrief. Als er in den Ruhestand ging, begann er, seine Predigten zu überarbeiten, und selbst nach so langer Zeit gibt es so viel, was er zu sagen hatte, dass der Überarbeitungsprozess immer noch andauert.

Ratschläge für Bedrückte

11

Eine der großartigen Predigtreihen, die Martyn hielt, war »Geistliche Krisen und Depressionen«[2]. Denn oft kamen Leute nach dem Morgengottesdienst zu ihm in sein kleines Büro in der Chapel. »Ich fühle mich heute sehr bedrückt, Herr Doktor«, sagten sie gelegentlich. Einige fragte er dann: »Wie steht es denn derzeit mit deiner Beziehung zu Gott? Liest du täglich deine Bibel und betest du regelmäßig? Wenn du alles vernachlässigst, kannst du dann wirklich erwarten, dass du dich glücklich fühlst? Deine Traurigkeit kommt daher, dass du sündigst.«

In manchen Fällen sagte er: »Weißt du, wir leben in einem geistlichen Kampf. Der Teufel will nicht, dass du in deinem Christenleben erfüllt und glücklich bist; also greift er dich an, damit du dich schlecht fühlst, um deine geistliche Wirksamkeit zu beeinträchtigen. Schau dir an, was die Heilige Schrift darüber sagt, wie man dem Teufel widersteht, wie Gott dir helfen kann, die geistliche Waffenrüstung anzulegen, die Er dir gegeben hat.«

»Das Christenleben ist kein einfaches Leben. Es ist ein Kampf, genau wie die Bibel es sagt.«

Bei anderen sagte er dagegen: »Eigentlich ist bei dir geistlich nichts verkehrt. Aber du solltest einen guten Arzt aufsuchen;

---

2 *»Geistliche Krisen und Depressionen«*, Samenkorn-Verlag.

denn was du hast, ist eine Form von psychischer Krankheit. Krankheit ist das Ergebnis davon, dass die Sünde in die Welt gekommen ist. Aber du bist jetzt krank, nicht wegen irgendwelcher Sünden, die du selbst begangen hast, sondern weil wir in einer gefallenen Welt leben.«

Wieder andere fragte er einfach: »Wann hattest du das letzte Mal einen schönen Urlaub? Du bist nicht depressiv. Gönn dir eine Pause, hol etwas Schlaf nach, und es geht dir bald wieder gut.«

Er stellte den Leuten immer viele Fragen: »Wie kam es dazu, dass du dich so fühlst? Wie ist dein Gebetsleben? Hältst du dich an Gottes Prinzipien für unser Leben? Möchtest du geistlich wachsen? Hast du Albträume? Hast du zu hart gearbeitet?«

Wir sind alle verschieden, alle komplex, jeder hat seine ganz eigenen Bedürfnisse und seine eigene Persönlichkeit. Das war ihm bewusst, und genauso auch, dass Gott uns alle unterschiedlich geschaffen hat.

Wenn du das Buch »Geistliche Krisen und Depressionen« liest, wirst du sehen, was ich meine. Es ist ein sehr realitätsnahes und nahrhaftes Buch.

Manchmal erwecken Menschen den Eindruck, dass man keine Probleme haben sollte oder dass man irgendwie nicht sehr geistlich sei, wenn man welche hat. Martyn ging nicht so mit den Menschen um. Auch er war manchmal niedergeschlagen und musste nach den Gründen suchen. War er müde? Hatte er gesündigt? War er traurig? Überarbeitet? Krank? Ich bin sicher, dass sich viele von euch schon einmal für längere Zeit niedergeschlagen oder traurig gefühlt haben, mehr als nur einen Nachmittag lang. Als ausgebildeter Arzt wusste Martyn über diese Dinge Bescheid. Er verstand die Menschen und ihre Gefühle; er verurteilte sie nicht, wenn sie traurig waren.

Stattdessen half er ihnen herauszufinden, warum sie sich so fühlten.

Martyn sagte manchmal zu denjenigen, die ihn aufsuchten: »Man kann nicht einfach so davon loskommen. Manchmal ist die Ursache medizinisch bedingt. Aber manchmal lässt Gott es zu, dass der Teufel uns angreift, wie bei Hiob, damit wir geprüft und vorbereitet werden, weil Gott etwas wirklich Großes mit uns vorhat.«

Martyn erlebte selbst schwierige Zeiten in seinem Leben. Manchmal dauerte es eine Weile, bis es ihm wieder besser ging. Eine Person, die ihm half, war Stuart Catherwood. Die Familien Lloyd-Jones und Catherwood wurden Freunde, und das Ergebnis war einige Jahre später die Heirat zwischen Frederick Catherwood und Elizabeth Lloyd-Jones, meinen Eltern.

Die großen Dinge, die Gott für Martyn vorgesehen hatte, waren: erstens, die Arbeit in der Westminster Chapel fortzusetzen, und zweitens, mit Studenten zu arbeiten.

Viele von euch, die dieses Buch lesen, haben vielleicht ein Studium im Sinn oder haben Freunde oder Geschwister, die darüber nachdenken, an eine Uni zu gehen.

Oft bekommen Universitätsabsolventen nach ihrem Abschluss wichtige Jobs, in denen sie viele Menschen beeinflussen können: Ärzte, Anwälte, Wissenschaftler, Lehrer oder Theologen.

Einige meiner Freunde von der Universität üben jetzt wichtige Funktionen in der Gemeinde aus: als Pastoren, Missionare, Schriftsteller, Prediger und so weiter.

Viele von uns sind zum wahren Glauben an Jesus Christus gekommen, bevor wir an die Universität gingen. Für viele von uns war die Zeit an der Universität eine Zeit besonderer Herausforderungen, die zu geistlichem Wachstum führten und in der wir wichtige Dinge lernen mussten. Wir wurden unweigerlich vor die Frage gestellt: Glauben wir dem Wort Gottes? Was glauben wir genau? Leben wir das aus, was wir glauben? Wie sieht unser Glaubensleben in Alltagssituationen aus?

Wir werden noch sehen, wie wichtig dies für Martyns eigene Enkelkinder im Teenageralter war (wie auch für meinen Bruder, meine Schwester und für mich). Zuerst war es aber auch wichtig für Martyns und Bethans ältere Tochter Elizabeth, die nach dem Krieg drei Jahre lang an der Universität Oxford studierte.

»Ich möchte englische Literatur studieren«, entschloss sie sich.

Und Martyn ermutigte sie dazu, das zu tun. In ihrem Studium wurde Elizabeth von einigen sehr bekannten Leuten unterrichtet.

Eine Lehrerin ließ sie ein berühmtes mittelalterliches Gedicht lesen. Elizabeth entgegnete ihr: »Warum sollte ich das lesen? Es mag berühmt sein, aber ich finde es abstoßend.«

Natürlich fragte Elizabeth ihren Vater, was sie tun sollte. Seine Antwort war daraufhin: »Vergiss nicht, dass du es als Fachliteratur liest. Du bist dort, um akademisch zu studieren, und selbst wenn dir nicht alles gefällt, was du lesen musst, lernst du dadurch nachzudenken und das Gute zu behalten sowie Schlechtes zu verwerfen.«

Zu den Gottesdiensten, die in der Universitätskirche stattfanden, gingen Elizabeth und einige ihrer gläubigen Mitstudenten jedoch nicht, weil sie dachten, dass die Lieder dort Gott nicht verherrlichten. »Und die Predigten, die dort gehalten werden, sind manchmal auch sehr seltsam«, schrieb Elizabeth. Es waren nicht die christuszentrierten, auf der Schrift basierenden Predigten, die Elizabeth von ihrem Vater gewohnt war. Und sie war ziemlich auf sich allein gestellt, denn das alles geschah zu einer Zeit, als das Telefonieren noch sehr teuer war und lange bevor E-Mails erfunden wurden oder man überhaupt an solches dachte.

So nutzte Martyn die Zeit, wenn er mit den jungen Leuten arbeitete, ihnen das Wichtigste mitzugeben: »Wenn du ein Student oder Schüler bist, dann nur deshalb, weil Gott dir einen Verstand gegeben hat. Und du musst ihn auch benutzen! Es ist ein schlechtes Zeugnis für Nichtchristen, wenn christliche Schüler ihre Arbeit nicht richtig machen.« Natürlich kann man nur die Noten bekommen, zu denen man auch fähig ist. Elizabeth hatte sich die Worte ihres Vaters zu Herzen genommen und erstklassige Noten erreicht. »Wir müssen unseren Glauben mit unserem Studium verbinden und dürfen nicht versuchen, beides voneinander zu trennen«, pflegte er ihnen zu sagen.

Außerdem besteht der christliche Glaube nicht nur aus warmen Gefühlen, sondern er ist auch wahr und vernünftig. (Martyn vernachlässigte die Gefühle allerdings nicht. Wenn das Predigen, um seine eigenen Worte zu gebrauchen, »feurige Logik« war, dann waren dabei auch jede Menge Gefühle im Spiel, wie wir später noch sehen werden.)

»Das wahre Christentum besteht aus vielen großartigen Glaubensüberzeugungen, die alle perfekt zusammenpassen«, erklärte er. Das ist es, was Christen als Lehre bezeichnen: die Zusammenfassung der biblischen Lehre zu einem einheitlichen Ganzen.

Eines Tages kam einer von Elizabeths Studienkollegen zum Tee. Dabei sah er die vielen alten Bücher in Martyns Bücherregalen.

»Das sind die Puritaner«, erklärte ihm Martyn.

Ein anderer Student, James I. Packer[3], hatte ebenfalls die

---

3 Sein Buch »*Gott erkennen*« solltest du unbedingt einmal lesen.

Bücher der puritanischen Autoren entdeckt.

»Viele Leute missverstehen die Puritaner«, erzählte Martyn ihnen. »Dabei waren sie eine wundervolle Gruppe von Christen, die im 16. und 17. Jahrhundert lebten. Viele denken, dass sie langweilig gewesen seien, eine Gesellschaft von Spaßverderbern. Ganz und gar nicht! Sie liebten den Herrn und das Leben. Sie hatten auch allen Grund dazu: Sie liebten die Dinge, die Gott ihnen gab, und das brachte sie dazu, sich am Leben richtig zu erfreuen.«

Die jungen Leute waren davon ganz begeistert.

»Lasst uns zusammenkommen und jedes Jahr die Puritaner studieren«, schlug Jim, wie James auch genannt wurde, vor.

Und das taten sie auch. Durch das Lesen dieser Bücher veränderte sich das Leben dieser jungen Leute. Martyn und Jim und viele andere trafen sich bis in die 1970er-Jahre einmal im Jahr. Das Treffen nannten sie »Puritan Conference«.

»Wir dürfen auch nicht vergessen«, erinnerte Martyn seine Zuhörer, »die Dinge so zu sehen, wie Gott sie sieht – wie sie in der Heiligen Schrift beschrieben sind.« Und die Puritaner hatten genau das auch getan.

Nachdem Elizabeth schon einige Jahre auf der Universität war, verließ auch Ann das Elternhaus. Die Lloyd-Jones' waren eine sehr eng verbundene Familie. Martyn interessierte sich trotz der Entfernung sehr für alles, was seine Töchter taten – nichts war ihm zu unbedeutend oder unwichtig, was sie betraf. Ebenso war es ihm wichtig, die Gemeinde auch über diesen wichtigen Teil des Lebens zu belehren.

»In der Bibel steht, dass Kinder ihren Eltern gehorchen sollen«, sagte Martyn. Aber das war nicht alles ... »Sie sagt auch, dass Väter ihre Kinder nicht zum Zorn reizen sollen, damit sie nicht unwillig werden.«

»Die Bibel sagt, dass die Ehefrauen sich ihren Männern unterordnen sollen; aber der Ehemann muss seine Frau so lieben, wie Christus die Gemeinde geliebt hat.« Schau mal, was Christus für die Gemeinde getan hat: Er hat Sein Leben am Kreuz für sie hingegeben. Das ist wahre Liebe!

»Das Christentum«, lehrte Martyn auch, »ist vernünftig. Gottes Gebote an uns sind nicht willkürlich, gemein oder ungerecht – sie sind immer vernünftig.« Unsere eigenen Eltern mögen ab und zu zornig oder unfreundlich werden. Aber Gott, unser himmlischer Vater, ist niemals unvernünftig. Er kennt uns! Seine Gebote sind nicht sinnlos. Er gab Seinen einzigen Sohn Jesus, um für die Sünden derer zu sterben, die an Ihn glauben. Das zeigt, wie sehr Gott Seine Gemeinde liebt.

Weiter betonte Martyn: »Das Christenleben besteht nicht einfach aus einer Reihe von willkürlichen Regeln. Es ist keine Liste voller ›Du sollst nicht‹, mit endlosen Verboten.« Viele Eltern machen lange Listen von Dingen, die wir nicht tun dürfen. Aber was passiert, wenn wir unsere Eltern nicht mehr haben und mit etwas konfrontiert werden, das nicht »auf der Liste« steht? Woher wissen wir dann, ob wir es tun dürfen oder nicht?

»Eltern müssen ihren Kindern biblische Prinzipien beibringen«, brachte Martyn daher seinen Zuhörern nahe. »Es ist nicht lediglich eine Frage von Regeln, sondern eine Frage deiner Beziehung zu Gott, deines Wunsches, Gott zu gefallen und zu tun, was Er will.« Regeln gibt es aus einem bestimmten Grund; sie wurden von unserem liebenden himmlischen Vater zu unserem Besten aufgestellt.

Das Einhalten der Regeln ist nicht etwas, das wir um der Regeln willen tun, sondern weil wir Gott lieben; denn Er hat uns zuerst durch Jesus geliebt. Darum geben wir die Regeln nicht auf, wenn wir das Haus verlassen. Wir halten sie ein, weil Gott bei uns ist, wohin wir auch gehen.

Als Christen müssen wir lernen, nach Prinzipien zu leben. Es gibt Dinge, die für uns einfach schädlich sind. Zum Beispiel gibt es Filme, die wir uns als Christen niemals ansehen sollten. Aber es gibt vielleicht auch Filme, die gut und lehrreich sind.

Natürlich mag es einfacher sein zu sagen: »Schau keine Filme an«, als zu sagen: »Finde heraus, welcher Film gut ist und welcher nicht«. Es kommt jedoch gemäß der Bibel besonders darauf an, aus welcher Motivation wir etwas tun. »*Alles ist mir erlaubt – aber nicht alles ist nützlich! Alles ist mir erlaubt – aber ich will mich von nichts beherrschen lassen!*«, schreibt Paulus in 1. Korinther 6,12. Martyn stellte über sich selbst fest, dass es zur Sünde führen kann, gute Dinge zu tun, wenn man sie aus falschen Motiven, aus Eigennutz oder aus einem Gefühl des Stolzes auf die eigenen guten Leistungen heraus tut. Oder, wie man so scherzhaft sagt: »Bin ich nicht wunderbar, dass ich so bescheiden bin …?«

Deshalb müssen wir darüber nachdenken und ernsthaft beten und herausfinden, was Gott wirklich von uns will. Eines Tages stellte Elizabeth sich die Frage, ob sie nicht vielleicht Missionarin werden sollte. Manche Eltern würden vor Stolz platzen, wenn sie in der Gemeinde sagen könnten: »Meine Tochter ist Missionarin, wisst ihr. Deine hingegen arbeitet nur in einem Supermarkt. Na ja.«

Das ist wohl kaum ein guter Grund, um Missionar zu werden, oder? Martyn engagierte sich sehr für die Missionsarbeit, insbesondere für die China Inland Mission.

Doch andererseits wäre er auch sehr traurig gewesen, wenn seine ältere Tochter Tausende von Kilometern weit weg auf die andere Seite der Erde gegangen wäre, zumal das Reisen in jenen Tagen wahrscheinlich bedeutet hätte, dass er sie jahrelang nicht mehr gesehen hätte.

Was für ein Dilemma! Aber er beschloss, Elizabeth denselben Rat zu geben, den er jedem in dieser Situation geben würde.

»Will Gott wirklich, dass du gehst?«, fragte er sie. »Lauf nicht herum und frage endlos viele Leute, ob du berufen seist. Das könnte dich nur verwirren. Nimm dir Zeit fürs Gebet und prüfe, ob deine Berufung wirklich von Gott kommt.«

Einige Christen meinen, dass diejenigen, die als Missionare ins Ausland gehen, irgendwie geistlicher seien als solche, die im eigenen Land missionarisch tätig sind, oder als treue Mütter, die ihre Kinder in der Gottesfurcht erziehen. Gott beruft Menschen gleichermaßen zu den verschiedensten Aufgaben. Christen neigen jedoch dazu, einige Aufgaben als wichtiger zu betrachten als andere. Gott tut das nicht.

Letztendlich ging Elizabeth nicht ins Ausland und wurde stattdessen Lehrerin. Sie war froh, dass sie auf den Rat ihrer Eltern gehört hatte und auf das, was Gott wollte, und nicht auf die Meinung derjenigen, welche die eine Aufgabe als wertvoller für Gott erachteten als eine andere.

Eine neue Berufung

12

Im Jahr 1968 wurde Martyn sehr krank. Es war Krebs. Er war seit 30 Jahren in der Westminster Chapel tätig, was vielleicht doppelt so lange ist, wie einige von euch bisher gelebt haben. Doch anstatt zu verzweifeln, merkte er, dass der Krebs ein Zeichen Gottes war, dass er sich von der Westminster Chapel zurückziehen und sich einem viel umfassenderen Dienst zuwenden sollte. Manchmal, wenn uns traurige Dinge passieren, denken wir:

»Wie gemein! Wie ungerecht! Warum muss das ausgerechnet mir passieren?!«

Stattdessen sollten wir wie Martyn denken:

»Was will Gott mir damit sagen? Vielleicht will Er, dass ich etwas anderes tue ...«

2000 Menschen kommen uns vielleicht schon viel vor; aber es gibt weltweit Millionen von Menschen, die genau die Art von christlicher Botschaft brauchen, die Martyn Lloyd-Jones in diesen 30 Jahren Sonntag für Sonntag gepredigt hat. Sobald es ihm besser ging, begann er, in vielen kleinen Gemeinden zu predigen, die Ermutigung brauchten. Außerdem beschloss Martyn, seine Predigten in Büchern zusammenzufassen, damit Menschen auf der ganzen Welt sie lesen konnten. Also setzte er sich auf seinen alten grünen Stuhl und holte seine abgenutzte braune Aktentasche heraus, in die er die Predigtabschriften abgelegt hatte. Dann überarbeitete er sie selbst, bevor er sie an einen Verlag weitergab. Aber er arbeitete nicht die ganze Zeit ...

»Krocket-Zeit!«

Er und ich, sein ältester Enkel, traten gemeinsam gegen Bethan und ihre Tochter, meine Mutter Elizabeth, an. Bethan war besonders gut im Krocket, und die Frauen gewannen gewöhnlich 8:6 oder 10:4. Eine gute Partie Krocket war eine schöne Art der Entspannung und bot ihm viel Bewegung.

Manchmal schlief er auch in dem alten Stuhl, bevor er sich wieder an die Arbeit machte. Er war inzwischen über siebzig.

Bei den letzten Predigten, die er zu Lebzeiten herausgegeben hatte, aber nicht mehr fertiggestellt und gedruckt erlebte, durfte ich mithelfen, dass sie veröffentlicht wurden. Und ich erhielt Briefe von Menschen aus der ganzen Welt, die mir mitteilten, wie gern sie diese gelesen haben. Martyn hätte niemals all diese Länder selbst besuchen oder sich mit den Millionen von Menschen treffen können, die sie gelesen haben. Viele der Bücher wurden in andere Sprachen wie Deutsch, Niederländisch, Russisch, Spanisch und Koreanisch übersetzt. Fast zwanzig Jahre nach seinem Tod traf ich einen jungen Koreaner, der Martyns Predigten in seiner eigenen Sprache gelesen hatte.

Viele Menschen hatten großen Respekt vor Martyn, dem Doktor. Oft schwiegen sie in seiner Gegenwart, weil sie zu nervös waren, um zu sprechen. Martyn war und blieb selbst eher schüchtern, aber vor allem gottesfürchtig. Gern gab er Ratschläge, und viele schätzten diese.

Seit den 1940er-Jahren hatten sich mehrere hundert Pastoren regelmäßig in der Westminster Chapel getroffen, um sich gegenseitig durch das Wort Gottes geistlich zu erbauen und sich über gemeinsame Anliegen oder Ängste auszutauschen und zu beten. Viele wandten sich dort an Martyn.

»Herr Doktor! Einige der Jugendlichen in meiner Gemeinde laufen ständig der neusten Mode nach.«

»Nun, Mr. Smith, wie geht es ihnen geistlich?«

»Also, sie bringen ihre unbekehrten Kameraden zu den Gottesdiensten mit.«

»Das heißt, sie entwickeln sich gut im Geistlichen?«

»Ich denke schon.«

»Beten Sie für diese Jugendlichen, Mr. Smith, und weisen Sie mit der Schrift auf die Gefahren hin!«

In allen seinen Gesprächen half der Doktor den Leuten, sowohl biblisch als auch selbstständig zu denken. Wenn man sich etwas selbst erarbeitet, merkt man es sich eher, als wenn man geistlich mit dem Löffel gefüttert wird. Dank seiner Fragen konnte man sich am Ende oft selbst die Antwort auf die Frage geben. Wahrscheinlich kannte er die Antwort, aber anstatt sie einfach zu sagen, ermöglichte er es, darüber nachzudenken und selbst auf die Antwort zu kommen. So hatte er es mit all diesen Pastoren gemacht, über dreißig Jahre lang. In den letzten Jahren riefen sie ihn auch oft an.

Manchmal, wenn Martyn und ich gerade mitten in einem Gespräch waren ...

»Und, Christopher, wie läuft's in der Schule?«, fragte er mich dann.

»Also, in Geschichte haben wir über Lloyd George gelernt.«

»Ah! Das erinnert mich daran, wie er diese Rede gehalten hat – ich saß damals in der Galerie des Unterhauses, ich war genauso alt wie du jetzt. Er sagte: ...«

Ring! Ring! Ein Anruf.

»Herr Doktor! Viele Jugendliche aus christlichen Familien haben angefangen, schädliche Musik zu hören ...«, sagte eine besorgte Stimme am anderen Ende der Leitung.

Es folgte ein langes Gespräch, während dem ich zu meiner Großmutter in die Küche ging. Nach einer Weile ...

»Ach, Christopher, wegen Lloyd George ...«

Mehrere Monate im Jahr blieben Martyn und Bethan in unserem Haus in Cambridgeshire. Dort konnte er schreiben, arbeiten und beten, ohne das Telefon zu benutzen. Da er als Arzt und dann als Prediger in einer der rauesten und ärmsten Gegenden von Südwales gearbeitet hatte, konnte ihn nichts mehr wirklich schockieren. Vielmehr waren es die Sünde und die Gründe für die Sünde, die ihn entsetzten und traurig machten. Er wusste, dass wir alle als Sünder geboren wurden. Die Bibel sagt: *»Es ist keiner gerecht, auch nicht einer« (Röm. 3,10).* Deshalb predigte er über Jesus, den Retter.

Die Menschen merkten, dass sie mit ihm über alles reden konnten, und das taten sie auch. Das galt besonders für Jugendliche, von denen viele – im Gegensatz zu ihren Eltern – nicht wussten, wie bekannt er war. Oft fanden die Jugendlichen ihn ganz freundlich und entspannt, während die Eltern zu nervös waren, um mit ihm zu sprechen. Ein Grund dafür war, dass er die Menschen und ihre Anliegen immer nach ihrer eigenen Meinung und nicht nach der Meinung anderer Menschen bewertete.

»Opa! Der Junge mag mich nicht ...«

Anstatt den Kummer seiner Enkelin als pubertäres Trübsalblasen abzutun, zeigte er großes Mitgefühl und gab Ratschläge.

Martyn und Bethan Lloyd-Jones hatten insgesamt sechs Enkelkinder. Die drei Kinder von Elizabeth: Christopher Martyn, der Älteste (das bin ich, benannt nach meinem Großvater), Bethan (benannt nach ihrer Großmutter) und Jonathan. Und die drei Kinder von Ann: Elizabeth (benannt nach ihrer Tante), Rhiannon und Adam Martyn.

Martyn war ein liebevoller Großvater, dem seine Enkelkinder wichtig waren und die er im Teenageralter und auch schon davor prägte.

In meinem eigenen Fall war ein Grund für meine Nähe zu meinem Großvater die gemeinsame Liebe zur Geschichte. Ich sehe die Geschichtsbücher, die er mir geschenkt hat, noch vor mir, während ich dies schreibe. Ich lese sie auch viele Jahre später noch gerne. Ich muss sagen, dass ich als Teenager nie ein wilder Rebell war. Aber selbst wenn wir anständig sind, macht uns das nicht zu Christen. Wenn du sehr nett zu den alten Leuten bist, einer alten Frau über die Straße hilfst, alle Betten für deine Mutter machst, macht dich das noch lange nicht zu einem Christen. Die Bibel sagt, dass jeder Mensch als Sünder geboren wird, in einem Zustand grundsätzlicher Rebellion gegen Gott.

Es macht dich auch nicht zum Christen, christliche Eltern zu haben. Man kann den christlichen Glauben nicht vererben, so wie man dunkles Haar oder blaue Augen oder eine Neigung zu Sommersprossen vererbt bekommt. Ich hatte selbst christliche Eltern und zwei christliche Großeltern-Paare. Mit der Familie meiner Großmutter Bethan (geborene Phillips) habe ich eine christliche Vorfahrenslinie, die bis ins 18. Jahrhundert zurückreicht. Das sind eine Menge christlicher Vorfahren. Und doch gab es nicht einen einzigen von ihnen, der auch nur den geringsten Einfluss darauf hatte, ob ich ein Christ wurde oder nicht. Denn es ist so, wie Jesus zu Nikodemus sagte: *»Ihr müsst von Neuem geboren werden!« (Joh. 3,7).*

Eines Tages predigte mein Großvater in einem Gottesdienst in der Westminster Chapel. Er erläuterte: »Es kann sein, dass du dich sehr in deiner Gemeinde engagierst, aber kein Christ bist.«

Das machte mich nachdenklich. Gott begann einen langen Prozess mit mir, an dessen Ende ich die Gewissheit bekam, dass ich ein Christ geworden war. Gott hat keine Enkelkinder – nur Kinder, die nicht dadurch, dass ihre Eltern Christen sind, ebenfalls Christen wurden. Doch Gott benutzte eine Predigt meines Großvaters, um mich zu Ihm hinzuführen, zu dem persönlichen Glauben an Jesus Christus. Vielleicht musst du auch darüber nachdenken, ob dein Glaube wirklich dein persönlicher ist oder nur ein Spiegelbild des Glaubens deiner Familie. Martyn und Bethan haben ihre Familie jedenfalls nie unter Druck gesetzt, »eine Entscheidung zu treffen«. Das kann man auch gar nicht! Die wahre Wiedergeburt muss sich innerlich vollziehen, durch den Heiligen Geist, nicht durch den Druck der Familie oder eines Evangelisten. Man kann sein Kind nicht einfach zu Christus führen: Christus führt uns durch Sein Wort und Seinen Geist Selbst zu sich.

Durch Gottes Gnade durfte auch meine Schwester Bethan sich als völlig verloren erkennen und Buße über ihre Sünden tun. Gott hatte eine besondere Situation benutzt, die sie zum Nachdenken gebracht hatte. Großvater war hocherfreut darüber, dass seine älteste Enkelin auch ein Kind Gottes wurde.

Während ich an der Universität studierte und in der Zeit viele tiefe geistliche Wahrheiten neu für mich entdecken durfte, besuchte ich regelmäßig eine Church of England. In den letzten fünfzehn Jahren seines Lebens hatte mein Großvater große Vorbehalte gegen viele Dinge in der anglikanischen Kirche, sodass er sich Sorgen um mich machte, ob ich dort auch geistlich wachsen könnte.

Er kam nach Oxford, um in meinem Abschlussjahr zu predigen. »Dein Großvater war wirklich gut«, sagte ein überraschter junger Student. »Ich hatte keine Ahnung, dass

Martyn Lloyd-Jones noch lebt. Ich dachte, er sei einer dieser großartigen Prediger des 19. Jahrhunderts wie Spurgeon.«

Dann gab es auch eine Zeit, in der sich Großvater viel mit meinem Bruder Jonathan beschäftigte. Denn er hatte sich mit falschen Kameraden angefreundet, was dazu führte, dass er anfing, heimlich Rockmusik zu hören, und schließlich brach er für eine Weile sogar die Schule ab. Doch das war noch nicht alles. Plötzlich interessierte Jonathan sich auch für tibetanischen Mystizismus. Er wollte nicht länger anderen hinterherlaufen, sondern seinen eigenen Weg finden. So beschloss Großvater, sich mit seinem Enkel anzufreunden, um herauszufinden, was ihn auf die falsche Bahn gebracht hatte. Die Eltern und einige Gemeindemitglieder machten sich große Sorgen um Jonathan. Viele sagten ihm, dass er sich besser benehmen solle, denn schließlich sei er ja der Enkel des Predigers.

Sowohl Jonathan als auch Großvater liebten es, Billard zu spielen (wir hatten einen eigenen Tisch dafür), und sie spielten stundenlang, wobei Martyn ihm aufmerksam zuhörte und geduldig seine Lebensauffassung erkundete. Teenager waren auch nur Menschen.

Eines Tages sah Großvater ein Buch bei Jonathan über die tibetische Mystik. Anstatt das Buch in den Müll zu werfen, fragte Großvater, ob er es mit nach Hause nehmen könne. Er las es nicht nur, sondern machte sich auch sorgfältige Notizen, damit er sich mit Jonathan sachkundig und ausführlich darüber unterhalten konnte. Er leistete auch ein wenig Detektivarbeit. Dabei fand er heraus, dass der eigentliche Autor des Buches kein tibetanischer Mönch war, sondern jemand aus London, der über Erfahrungen geschrieben hatte, die er selbst nie gemacht hatte, schon gar nicht in Tibet.

»Stell dir vor, Jonathan, dieser Mann schrieb über mystische Einsichten, die nicht in einem tibetanischen Kloster, sondern wahrscheinlich nicht weit von uns hier in London erfunden wurden.« Er nutzte die Gelegenheit, um ihm noch einmal das Evangelium zu erklären. Er machte ihm deutlich, dass die Antwort auf alle unsere Fragen nur in Jesus Christus zu finden ist. Wieder einmal tat Martyn Lloyd-Jones die Symptome nicht einfach pauschal ab; er vertraute stets dem kraftvollen Evangelium.

Dem Herrn sei Dank, dass Jonathan nicht mehr an den Mystizismus glaubt und alle künstlichen Wege der Flucht vor den Realitäten des Lebens vollständig aufgegeben hat. Er hat sich nicht über Nacht verändert. Er hat sich verändert, indem Gott ihm das Herz für das Evangelium geöffnet hat und er in eine enge Beziehung zu Ihm kommen konnte. Sowohl Jonathan als auch ich haben viele Höhen und Tiefen in unserem Leben durchgemacht. Großvater hatte das auch erleben müssen. Durch die Art, wie er lebte und uns vorlebte, lernten auch wir, dass die Bibel ein sehr realistisches Buch ist. Sie verspricht dem Christen nie einen Weg voller Rosen. Tatsächlich haben Jonathan und ich Christen in Ländern kennengelernt, in denen man ins Gefängnis kommen kann, wenn man sich zum Glauben an Jesus bekennt. Wir sollten Gott für die Freiheit danken, die Er uns geschenkt hat – eine Freiheit, die viele Christen heute nicht haben.

Es war jedes Mal eine Freude, wenn unsere Großeltern uns in Cambridgeshire besuchen kamen. In manchen Familien lesen bei den Mahlzeiten alle ihre Zeitung oder sitzen um einen laufenden Fernseher herum. Doch das war im Hause Catherwood nicht der Fall. Unser Großvater liebte geistliche Gespräche. Besonders gern unterhielt er sich mit seinen jugendlichen Enkeln. Vater schätzte »den Doktor« und hatte Ehrfurcht vor seinem Schwiegervater. Wir hingegen wussten zwar, dass er ein großer Prediger war, aber wir dachten nie darüber nach, wenn er bei uns war. Wir haben ihn sehr geliebt. Er war unser Großvater. Er war einfach der wunderbarste Großvater aller Zeiten. Das Wichtigste an ihm war, dass er aufgeschlossen war, sodass wir uns in seiner Gegenwart wohlfühlten.

Er wiederum mochte eine gute Diskussion, weshalb allzu viele Menschen von ihm eingeschüchtert waren. Doch er wusste, dass er bei uns Menschen fand, die ihm antworteten. Eine wichtige Sache sagte er uns immer wieder: »Meint nicht, dass ihr etwas Bestimmtes sagen müsst, nur weil ich es so haben will«. Er wollte weder langweilige Konformisten noch kleine Diplomaten, die ihm das eine sagen, aber insgeheim etwas anderes denken. Manchmal provozierte er einfach etwas heraus, um zu sehen, was passiert.

»Ich glaube X«, sagte er und machte damit irgendeine ungeheuerliche Aussage.

»Großvater – das kannst du doch nicht!«

»Und warum nicht?«

Pause.

»Naja, ich glaube A, B und C.«

Großvater entgegnete: »Ja, aber C ist Unsinn, also sind A und B fragwürdig.«

»Hmmm. Aber A und B *sind* richtig, also D, E und F?«

»Ah! Warum glaubst du dann D, E und vor allem F?«, wollte er wissen.

Pause.

»Nun, wegen G und H!«

Tatsächlich glaubte auch er an A, B, C und D und wahrscheinlich auch an E und F. Aber das wollte er uns nicht sagen. Er wollte wissen, warum wir glaubten, was wir glaubten. Dafür wollte er auch gern sehen, was wir lasen. Zu Weihnachten bekamen wir viele Bücher geschenkt, und er schaute sich jedes Buch an, das wir uns ausgesucht hatten, und fragte: »Warum hast du dir gerade dieses Buch ausgesucht?

Interessiert es dich? Was hat dich an diesem Thema besonders fasziniert?«

Manchmal las er auch Buchbesprechungen aus christlichen Zeitschriften. Eine bestimmte Buchbesprechung stach ihm dabei besonders ins Auge. »Aha!«, meinte er dann augenzwinkernd. »Habt ihr diese Biografie schon gelesen? Wenn nicht, dann werde ich sie für euch kaufen.«

Manchmal wählte er ein Geschenk für einen besonderen Anlass aus. Er kaufte mir auch eine neue Bibel für meine persönliche Bibellese, als ich an der Uni war. Eine Biografie, die er mir schenkte, besitze ich immer noch und bewahre sie jetzt in dem Bücherregal auf, das ich von ihm geerbt habe. Seit seinem Tod, der nun mehrere Jahre zurückliegt, sind die Weihnachtsfeiertage nicht mehr dieselben. Aber er gab uns die Liebe zu Büchern und das Bewusstsein für den Schatz, den wir in Form von geistlicher Literatur haben.

Wie es auch Großvaters Familienleben zeigt, sind Christen nicht immun gegen Kummer, Arbeitslosigkeit, Krankheit oder persönliche Tragödien. Die Kinder oder Enkelkinder einer angesehenen Persönlichkeit wie Martyn Lloyd-Jones zu sein, ist kein Schutz vor dem traurigen Schicksal einer zerbrochenen Ehe. Du kennst vielleicht einige Freunde in der Schule und vielleicht sogar jemanden in deiner eigenen Familie, die eine Trennung oder Scheidung durchgemacht haben. Doch bei all dem, was in seiner Familie passierte, war Großvater für sie da und tat alles, was er konnte, um sie auf die biblischen Wahrheiten hinzuweisen, denn er wusste, dass das Evangelium die Kraft hat, den zu verändern, der aufrichtig Buße tut.

Da war sein Bruder Vincent, unser geliebter Großonkel, dem der Stress und die Belastungen seiner Arbeit einfach zu viel wurden. Wie bei ihrem Großvater, Old Evans, wurde ihm der Alkohol zu einem »engen Freund«.

Vincent und Martyn waren bei denselben Eltern aufgewachsen, gingen in dieselbe Kirche und hatten beide einen ähnlichen Sinn für Humor. Onkel Vincent hatte es – weltlich gesehen – sehr weit gebracht. Er war Sir Vincent und hatte ein großes Haus im Zentrum von London. Er erhielt regelmäßig Einladungen der Königin in den Buckingham Palace. Aber was für eine traurige Art, eine so bedeutende Karriere zu beenden ... Was nützen weltlicher Erfolg, ein Titel, Geld, berühmte Freunde? Martyn hatte all dies 1926 aufgegeben, um in die Slums von Wales zu gehen. Er hatte in seinem Leben nie viel Geld. Aber wer war glücklicher? Als Martyn gegen Ende seines Lebens eine Auszeichnung angeboten wurde, lehnte er ab.

Er sagte mit Nachdruck: »Ich bin Doktor der Medizin an der Londoner Universität, und das ist genug.« Sein Grabstein in Wales bezeugt von ihm mit einem Zitat aus der Bibel: *»Denn ich hatte mir vorgenommen, unter euch nichts anderes zu wissen als nur Jesus Christus, und zwar als Gekreuzigten« (1.Kor. 2,2).* Dies waren die Worte des Apostels Paulus in seinem Brief an die Gemeinde in Korinth. Passenderweise waren dies auch die Worte, die Martyn 1977 als Text verwendet hatte, als er nach Sandfields in Aberavon zurückkehrte zum 50. Jahrestag seiner Ankunft dort als junger Prediger 1927.

Nach seinem Tod 1981 wurde er in Südwales begraben, auf dem Friedhof der Familie seiner Frau, der Familie Phillips. Fast genau zehn Jahre später wurde seine geliebte Bethan neben ihm begraben. Zu dieser Zeit war ihr erstes Urenkelkind, Myfanwy, bereits geboren und war gerade alt genug, um bei der Beerdigung dabei zu sein.

Was für ein Leben war das von Martyn! Ein Leben, das dem Dienst Gottes geweiht war, der Verkündigung der Frohen Botschaft von Jesus Christus, so wie es auf seinem Grabstein eingraviert war. Es war auch ein Leben, das allen

Widrigkeiten trotzte. Er hatte keinen leichten Start ins Leben gehabt: ein betrunkener Großvater, ein finanziell angeschlagener Vater, eine schwierige Zeit der Trennung von seiner Familie. Aber Gott hatte alles unter Seiner Kontrolle und führte Martyn durch sein Leben. Denk einmal einen Moment darüber nach. Ist Gott auch dein Herr? Gehört dein Leben Ihm?

In deinen Zwanzigerjahren kommst du dir vielleicht richtig alt vor, aber das ist nicht der Fall. Martyn hatte in seinen Zwanzigerjahren großen Erfolg als Student und Arzt, nur um diesen dann aufzugeben und in die Armut von Wales zurückzukehren. Er stellte sein Leben den Plänen Gottes zur Verfügung und wurde schließlich ein treuer Prediger.

Meine Frau Paulette ist Klavierlehrerin. Eines Tages kam eine Frau aus Japan mit ihrer kleinen süßen Tochter zum Unterricht zu uns. Frau Sugino sah ein Bild von Großvater an unserer Wand und jede Menge Bücher von ihm.

»Dr. Lloyd-Jones! Den habe ich doch gelesen – auf Japanisch!«

Wir hatten diese Frau noch nie zuvor getroffen. Sie und ihre Familie waren noch nicht lange in Großbritannien und waren unserer Familie völlig unbekannt. Doch in jeder Unterrichtsstunde, während ihre Tochter Klavier spielte, saß Frau Sugino im Zimmer und las die englischen Fassungen vieler seiner Bücher. Nach seinem Tod haben sich diese Bücher millionenfach verkauft. Martyn verzichtete auf Ruhm und Reichtum. Ein Vermögen hat er sicherlich nie erlangt. Aber Gottes Gnade und Segen besaß er reichlich!

Irgendwann wäre Martyn sicherlich königlicher Leibarzt geworden, genau wie sein früherer Chef, Lord Horder. Vielleicht hätte man ihn am Ende »Lord Lloyd-Jones« genannt.

Hast du schon einmal etwas von einem Sir Ronald Bodley Scott oder Lord Evans gehört? Ich glaube eher nicht.

Aber von Martyn Lloyd-Jones hast du wahrscheinlich schon gehört, sonst würdest du dieses Buch ja nicht lesen. Durch seinen Predigtdienst und durch seine Bücher konnte er Millionen von Menschen helfen, von denen die meisten, so wie meine Frau Paulette, ihn zu seinen Lebzeiten nie kennengelernt haben. Er hat etwas viel Wichtigeres getan, als ein erstklassiger Arzt zu sein oder einen Haufen Geld zu verdienen. Er hat dabei geholfen, die Menschen auf Jesus Christus hinzuweisen, den Arzt und Retter unserer Seelen. Etwas Größeres kann man nicht tun!

Die wahre Heimat des Christen

13

Hast du schon einmal jemanden gut gekannt, der dann gestorben ist? Vielleicht einen Großvater oder eine Großmutter oder eine ältere Dame am Ende der Straße? Vielleicht ist jemand aus deinem Bekanntenkreis unerwartet jung gestorben? Ich denke, es ist wichtig zu sagen, dass es bei der Beerdigung einen großen Unterschied macht, ob die verstorbene Person ein Christ war oder nicht. Der Tod ist bei weitem nicht das Ende – im Gegenteil, er ist erst der Anfang des ewigen Lebens. Wenn Martyn bei Beerdigungen predigte, machte es einen großen Unterschied für seine Predigt, ob die verstorbene Person und diejenigen, die sie kannten, Christen waren. Als sein eigener Vater in den 1920er-Jahren starb, war Martyn verständlicherweise sehr erschüttert. Ein amerikanischer Freund, Carl Henry, fragte ihn etwa fünfzig Jahre später: »Sagen Sie mir, Herr Doktor, war Ihr Vater ein Christ?«

Martyn sah sehr traurig aus, und Tränen traten ihm in die Augen.

»Ich weiß es nicht«, antwortete er. Aber als sein Freund David starb, etwa zu der Zeit, als er mit Carl Henry gesprochen hatte, war es ganz anders.

»David starb jung«, richtete Martyn seine Worte an dessen Frau Shirley und die versammelte Familie, »nach einer langen und schrecklichen Krankheit, die durch die Fehler des Krankenhauses noch schlimmer wurde.«

Wie wir gesehen haben, bleiben Christen nicht von allem verschont. David war monatelang ans Bett gefesselt, unfähig zu sprechen oder sich zu bewegen.

»Jetzt hinterlässt David seine Frau und fünf Kinder, einige davon noch im Teenageralter«, fuhr der Arzt fort. »Aber David war ein echter Christ. Er arbeitete als Hausarzt, und alle seine Patienten wussten von seinem christlichen Glauben und seinem klaren Zeugnis. Die Menschen in der Stadt schätzten ihn so sehr, dass sie ihn baten, ihr Bürgermeister zu werden.«

»Jetzt, nach all dem Leid, ist seine Seele bei Jesus im Himmel«, verkündete Martyn.

»Das Krankenhaus für dessen Fehler zu verklagen, würde David nicht wieder zum Leben erwecken, und da seine Seele jetzt im Himmel bei Jesus ist, ist er am allerbesten Platz überhaupt.« Martyn erklärte, woran David geglaubt hatte, nämlich daran, dass er Jesus als seinen Retter und Herrn hatte.

»Das Christenleben ist kein Leben der Verzweiflung, sondern ein Leben der Hoffnung. Jesus starb am Kreuz für arme Sünder. Aber am dritten Tag ist Er von den Toten auferstanden! Er ist jetzt bei Seinem Vater im Himmel, wo auch Davids Seele jetzt zur Ruhe gekommen ist. Jesus hat die Sünde und den Tod besiegt! Christen haben den Tod nicht mehr zu fürchten, nicht nach dem, was Jesus getan hat. Ich weiß, dass Davids Familie ihn furchtbar vermissen wird. Das werden wir alle. Aber der Tod ist nicht das Ende, denn für Christen folgt etwas viel Größeres. Für Christen ist der Tod traurig. Aber der Tod ist auch eine Erinnerung an den Sieg Jesu. Eine Beerdigung kann eine Zeit der Danksagung für ein Leben sein, das treu geführt wurde, wie das von David, und sie kann ein hoffnungsvoller Blick auf die zukünftigen Dinge sein.«

Martyns Trauerrede hatte eine große Wirkung. Nicht nur ein Mitglied von Davids eigener Familie bekehrte sich, sondern auch andere Besucher, die aus der Stadt angereist waren. Ein physischer Tod führte für viele zu neuem geistlichen Leben. Wie ich bereits erzählte, erkrankte Martyn 1968, im Alter von 68 Jahren, schwer an Krebs. Doch anstatt sich über sein Schicksal zu beklagen, fragte er sich: »Was möchte Gott, dass ich jetzt tue? Was will Er mir mit dieser Krankheit sagen?«

Erstens war die Operation ein voller Erfolg, was an sich schon bemerkenswert ist für einen 68-jährigen Mann mit einer so schweren Krebserkrankung. Martyn wusste, dass das Leben jetzt eine Art »Verlängerung« von Gott war. Er konnte sich glücklich schätzen, am Leben zu sein.

In den darauffolgenden zwölf Jahren predigte Martyn in ganz Großbritannien, sprach und lehrte in Amerika und verbrachte zu unserer großen Freude noch mehr Zeit mit uns in unserem Haus in Cambridgeshire, wo er seine Predigten zu Büchern ausarbeitete. Dann erkrankte er 1980 erneut schwer an Krebs: kein Rückfall seiner Krankheit von 1968, sondern ein völlig neues Krebsgeschwür mit schwerwiegendem Wachstum. Ich dagegen verbrachte einen Teil des Jahres 1980 weit weg in China.

»Wie lange wird Christopher weg sein?«, fragte er. Meine Zeit in China war arbeitsreich, aber gelegentlich hielt ich inne und dachte: »Wie es Großvater wohl geht? Werde ich ihn je wiedersehen?« Ein großer Teil der chinesischen Landschaft war sehr abgelegen, und es war für meine Familie nicht möglich, mich in einem Dorf mitten im Nirgendwo zu erreichen.

Als ich zurückkam, war Großvater erfreulicherweise noch am Leben, aber er war jetzt ziemlich dünn und abgemagert. Obwohl er ein Arzt war, war er von seiner eigenen Behandlung fasziniert. Wenn er durch den Garten gehen wollte, hielt sein Enkel, mein Bruder Jonathan, ihn am Arm, und er machte mühsam ein paar Schritte. Das Krocketspiel musste er jedoch aufgeben, da er nun zu krank war, um zu spielen.

Im Dezember 1980 war ich in Luxemburg und Frankreich. Ich kam mit dem Zug nach Hause, zusammen mit einem meiner Cousins, der in Frankreich studierte.

Großvater war jetzt sogar zu krank, um Bücher zu lesen. Ich kaufte ihm dennoch ein besonderes Buch, damit er sich an seinem 81. Geburtstag daran erfreuen konnte.

Anfang 1981 verlor er dann seine Stimme. Doch schrieb er uns kleine Notizen – seine einzige Möglichkeit, sich mit uns zu verständigen.

Der 1. März rückte näher – mein Geburtstag. Ich sollte 26 werden. Ich hatte vor, christliche Freunde in Österreich, Dänemark und auch im alten Jugoslawien zu besuchen. Aber da Großvater schwer erkrankt war, musste ich mir überlegen: »Soll ich wirklich fahren?«

An dem Wochenende, an dem ich Geburtstag hatte, war meine Familie, mich eingeschlossen, in Cambridgeshire. Eine Freundin von uns, Jane, war bei uns zu Besuch. Da auch sie medizinisch tätig war, verbrachte sie das Wochenende damit, Buchstabenkarten zu basteln, um meinem Großvater zu helfen, sich zu verständigen. Er könnte bald zu schwach sein, um noch zu schreiben. Normalerweise beten die Menschen viel für die Heilung, wenn ein geliebter Mensch krank ist. Nicht so bei Großvater.

»Betet nicht mehr für meine Heilung«, schrieb er in einer Notiz an seine Familie. »Versucht nicht, mich von der Herrlichkeit Gottes zurückzuhalten.«

Von der »Herrlichkeit«? Ja, vom Himmel. Er wusste, dass seine Seele bald beim Herrn sein würde. Und er war sich dessen so sicher, dass er sogar seine Zeitungen abbestellte, damit er sie am Samstag, den 28. Februar, nicht mehr erhielt.

Als er und Großmutter an diesem Abend zu Bett gingen, erinnerte er sich daran, dass ich am nächsten Tag Geburtstag hatte, und machte sich eine Notiz, um sie ihr am Morgen zu zeigen. Doch er wachte nicht mehr auf. Er starb am frühen Sonntagmorgen, den 1. März. Er hatte recht gehabt – er würde keine Zeitungen mehr brauchen. Es war sehr passend, dass er am Tag des Herrn starb, am Sonntag – an dem Tag, an dem wir nicht nur zum Gottesdienst gehen, sondern auch die Auferstehung Jesu feiern. Martyn Lloyd-Jones' Körper war tot – es war ziemlich unheimlich, ihn dort zu sehen, kurz nachdem wir nach London geeilt waren, um bei Großmutter zu sein und sie zu trösten. Aber Großvaters Seele ist lebendig! Im Himmel, bei Jesus!

Der 1. März ist auch der Nationalfeiertag von Wales. Nur wenige waren so patriotisch wie Großvater, und auch hier war die Symbolik perfekt. Die kleine Stadt Newcastle Emlyn war zu seiner Beerdigung brechend voll. Er hatte kurz zuvor alle Vorbereitungen selbst getroffen, sodass wir wussten, was zu tun war. Es war ein trauriger Anlass, denn wir alle vermissten ihn. Und alle, die ihn zu Lebzeiten kannten, insbesondere seine Familie, vermissen ihn immer noch sehr. Aber es war eine triumphale Danksagung an Gott, um Ihm für das große Vorrecht zu danken, das Er uns mit dem einzigartigen und wunderbaren Leben von Martyn Lloyd-Jones gegeben hatte. Was für ein Leben war das gewesen! Welch ein großer Gott!

Die Frage nach der Lehre

14

Es war ein sehr heißer, nasser Tag in Tsimshatsui. Der Monsunregen ging in Strömen nieder. Wenn es in diesem Teil der Welt regnete, dann regnete es wirklich. Die Luftfeuchtigkeit betrug 100 Prozent, und wenn man irgendwo hinging, kam es einem so vor, als würde man durch ein Dampfbad schlendern. Es war das Ende der Regenzeit, und ich war froh, dass ich bald in das trockenere Klima Nordchinas gelangen würde. Das Fehlen jeglicher Umweltschutzmaßnahmen und der überall ungehindert ausströmende Industriegestank sowie der scharfe Geruch würziger Speisen, der aus den Fenstern drang, ergaben zusammen einen unvergesslichen und überwältigenden Geruch.

Ich war mit einem australischen Missionar verabredet, der lange Zeit in Borneo gelebt hatte. Ich stellte ihm einige Fragen zu meiner bevorstehenden Reise nach Peking. Dann drehte er sich zu mir um und fragte mich aus heiterem Himmel: »Sagen Sie mal, war Ihr Großvater ein Pfingstler?«

Martyn Lloyd-Jones – ein Pfingstler? Und wie hatte ein Australier, der in Borneo lebte, so etwas gehört?

Einige Jahre später war ich auf der anderen Seite des Pazifiks in einer amerikanischen Gemeinde. Ein stämmiger Mann kam dort auf mich zu und wirkte fast bedrohlich.

»Man hat mir erzählt, dass einige Leute die Predigten von Martyn Lloyd-Jones so verändert haben, dass sie wie solche von Pfingstlern aussehen.«

»Das ist nicht wahr«, sagte ein Freund von mir und kam mir zu Hilfe.

Martyn Lloyd-Jones, ein Pfingstler? Martyn Lloyd-Jones, der Anti-Charismatiker, und jetzt das Opfer einer heimtückischen Pfingstlerverschwörung? Große Männer haben immer Anhänger, die sie exklusiv für sich beanspruchen wollen. Diese Anhänger von Martyn Lloyd-Jones wollten ihn für ihre eigenen Ansichten vereinnahmen, um zu behaupten, er sei tatsächlich auf ihrer Seite gewesen, und weil er ja recht hatte, müsse das auch für sie gelten. Dies gilt insbesondere für die Frage der »Geistesgaben«.

Die Vertreter der »reformierten« Sichtweise argumentieren, dass die wunderwirkenden Gaben Gottes, die wir in Berichten wie der Apostelgeschichte oder in biblischen Briefen wie dem Korintherbrief finden, nach der Zeit der Apostel aufgehört haben.

Die Charismatiker oder Pfingstler sagen, dass diese Sichtweise der Bibel falsch sei und dass alle diese übernatürlichen Wundergaben, wie die Gabe der Heilung und der Prophetie, auch heute noch für Christen existierten.

Viele Pfingstler behaupten, dass die »Gabe des Zungenredens«, das heißt das Sprechen in einer unbekannten Sprache, der erforderliche Beweis für eine besondere Segnung von Gott sei, die in der Bibel als »Taufe mit dem Heiligen Geist« bezeichnet werde.

Bethan sagte immer: »Warum können die Leute nicht einfach biblisch sein?« Aber wir haben sie immer wieder darauf hingewiesen, dass ja all diese Leute sagen, sie seien biblisch.

Warum ist das alles wichtig zum Verständnis von Martyns Leben? Erstens hast du vielleicht eine Reihe von Dingen darüber gehört, was er glaubte und lehrte, und dann andere Leute aus einer anderen Gemeinde getroffen, die fest daran glauben, dass er genau das Gegenteil lehrte. Sie versuchen nicht, dich in die Irre zu führen – sie glauben es wirklich. Zweitens möchte ich dieses Thema zum Anlass nehmen, dich zu dem zu ermutigen, was er sich von dir gewünscht hätte: nämlich in der Bibel nachzuschlagen und es selbst herauszufinden.

Erinnerst du dich daran, dass Martyn am Freitagabend die Leute in der Westminster Chapel immer dazu aufforderte, ihre Argumente auf die Bibel zu stützen?

»Gewiss, Herr Doktor, Calvin sagte ...«

»Na gut, aber was sagt der Apostel Paulus?«, erwiderte Martyn.

Martyn bezeichnete sich immer als reformierter Bibellehrer, nicht als Calvinist. Calvin hatte bei so vielen wichtigen Lehren recht, weil er einfach die klare Lehre der Schrift darlegte. Aber das bedeutet nicht, dass er immer recht gehabt habe, oder? Wie wir aus der Geschichte wissen, waren selbst große Reformatoren wie Calvin und Luther in einigen Dingen unterschiedlicher Meinung.

Worüber sie sich aber alle einig waren, das waren die zentralen biblischen Lehren, wie zum Beispiel die Errettung durch den stellvertretenden Tod Christi am Kreuz, die Rechtfertigungslehre, die Bewahrung der Heiligen und die leibliche Auferstehung – etwas, worüber sich heute alle wahren Christen einig sind.

Vielleicht hast du noch nie viel über die Lehre nachgedacht. Doch es gibt sehr wichtige biblische Lehren, auf die es wirklich ankommt, zum Beispiel in Bezug auf Jesus und das, was die Bibel die Frohe Botschaft des Heils nennt. Echte Christen können sich über das Wesentliche einig sein, während sie sich in anderen Fragen unterscheiden. Das liegt daran, dass aufrichtige Christen zu unterschiedlichen Schlussfolgerungen gekommen sind, die sich meist auf dieselben Verse stützen. Doch oft fehlt es dabei vielen an geistlicher Bibelerkenntnis.

Wie Martyn seinen Enkelkindern im Teenageralter am Küchentisch zu sagen pflegte, ist es das Wichtigste, seine Schlussfolgerungen auf die Bibel zu stützen, anstatt sie aus zweiter Hand von jemand anderem zu übernehmen. Martyn wusste, dass er nicht unfehlbar war, auch wenn viele seiner Anhänger manchmal den Eindruck erweckten, dass sie es seien, indem sie sich auf ihn stützten.

Als protestantischer, nicht-katholischer Christ wusste er aus der Bibel, dass die Bibel selbst, Gottes Wort, ohne Fehler ist – wir Menschen aber sind es nicht.

Einmal traf ich mich mit einem engen Freund von Martyn, er hieß Hywel, auf einen Kaffee.

»Dein Großvater hat sich viele Gedanken über geistliches Leben gemacht«, sagte Hywel. »Schau in die Bibel, wo das wahre Leben so oft erwähnt wird. Wie viele Gemeinden haben heute wahres Leben?«

Leben! Echtes Leben! Lebendig sein! Kennst du Gemeinden, die genau richtig zu sein scheinen – theologisch korrekt –, aber kein Leben haben?

Oder kennst du Gemeinden, die sehr lebendig sind, die schnell wachsen und eine große Anziehungskraft haben, aber wirklich seltsame Lehrmeinungen haben, weil ihre Theologie ziemlich verworren ist? Solche Dinge beunruhigten Martyn sehr. Er glaubte leidenschaftlich an die Lehre der Bibel. Wie wir gesehen haben, war das Predigen für ihn »feurige Logik«. Doch allzu oft erlebte er Gemeinden, die zwar die Theologie beherrschten, aber kein Feuer hatten, und andere Gemeinden, die vor Liebe zu Jesus brannten, aber die Grundlagen der biblischen Lehre nicht hatten. Da konnte irgendetwas nicht stimmen.

Das, was wirklich vonnöten war, waren Gemeinden, die sowohl lehrmäßig korrekt als auch sehr lebendig waren. So hatte Martyn in den 1960er-Jahren den Schwerpunkt seiner morgendlichen Predigten in der Westminster Chapel auf dieses Thema gelegt: Leben! Er stützte sich dabei auf die ersten Kapitel des Johannesevangeliums. Die meisten seiner Predigten kann man sich heute online anhören. Man kann sich seine Worte an die Versammlung selbst anhören, wenn man zu der Sorte von Menschen gehört, die sich lieber eine Predigt anhört, als sich still mit einem Buch hinzusetzen.

Martyn wollte durch diese Auslegung des Wortes Gottes, dass die Menschen Gott erkennen. Es ging ihm nicht darum, seine Meinung darzulegen, sondern Menschen zur Erkenntnis darüber zu führen, was die Schrift wirklich lehrt.

Und nicht nur das: Hat deine Sichtweise dich in deinem Christenleben lebendig gemacht? Hat sie dir einen Eifer für den Herrn geschenkt, eine Sehnsucht nach dem geistlichen Leben, eine Sehnsucht, Jesus intensiver nachzufolgen? Denn selbst wenn du gleichzeitig von Eifer und einer Sehnsucht nach wahrer Lehre erfüllt warst, kam es dir vielleicht nur auf diese an. Die Lehre ist ja nicht nur Kopfwissen. Sie ist die Art und Weise, wie wir Jesus besser kennenlernen und Ihm aufrichtig nachfolgen können. Ein rumänischer Christ sagte einmal: »Wir wissen vielleicht viel über Jesus, aber kennen wir wirklich Jesus Selbst?«

Dabei geht es nicht darum, die Lehre gegen die Praxis auszuspielen, wie es in allzu vielen Gemeinden der Fall zu sein scheint, sondern es geht darum, die Lehre mit der Praxis zu verbinden, es geht um das Ausleben der Wahrheit.

Lehre ohne Praxis kann trocken und dürr sein. Praxis ohne Lehre kann zu gefährlichen lehrmäßigen Irrtümern führen. Wir brauchen, wie die Christen im ersten Jahrhundert, nicht ein Entweder-Oder, sondern beides.

In diesem Kapitel habe ich versucht, einige Grundsätze darzulegen:

Wie sollen wir als Christen denken?

Was ist wirklich wichtig?

Und genau das hat Martyn auch mit mir und seinen anderen Enkelkindern im Teenageralter gemacht, als er noch lebte. Wenn du jetzt die Grundsätze biblischen Denkens lernst, bist du fürs ganze Leben gerüstet. Das ist es, was er für die Menschen in der Westminster Chapel wollte, für die Millionen Menschen weltweit, die seine Bücher lesen, wie auch für dich. Das ist es, was sich alle Christen wünschen sollten, denn das ist der Grund, warum Gott uns Sein Wort, die Bibel, überhaupt gegeben hat.

Brennend für Gott

15

Heutzutage scheint alles »cool« zu sein – das Wort ist bei den Jugendlichen von heute genauso beliebt wie zu meiner Jugendzeit in den späten Sechzigerjahren.

Sogar ein guter Aufsatz über die Außenpolitik von König Heinrich VIII. ist »cool«. Doch für denjenigen, der »cool« sein möchte, ist die Bibel eine unangenehme Lektüre.

Worte wie »Eifer« und »Hingabe« passen nicht so recht zu der Idee, die hinter »cool« steckt. Für manche Jugendlichen ist diese eifrige und hingebungsvolle Lebensweise sogar ein wenig peinlich, vor allem, wenn ihre Eltern diese ganz offen vor ihren Klassenkameraden zeigen. Unser Herr Jesus hat sich niemals geschämt, Seine Nachfolger als die Seinen zu bezeichnen. Er hat Sein Leben für alle Gläubigen hingegeben, um sie zu erlösen. Und darauf sollten wir als Christen mit unendlicher, leidenschaftlicher Freude, Dankbarkeit und Hingabe reagieren – selbst das ewige Reich Gottes wird zu kurz sein, um all das angemessen auszudrücken, was wir Gott für unsere Errettung verdanken.

Martyn Lloyd-Jones bezeichnete sich selbst oft als »Mann des 18. Jahrhunderts«. Damit meinte er nicht, dass er altmodisch sei. Er besaß einmal ein Porträt eines großen Predigers aus dem 18. Jahrhundert, George Whitefield, der voller Eifer zu einer Menge von sehr gewöhnlichen Menschen, hauptsächlich aus der Arbeiterklasse, predigte. Martyn sprach gern und oft über diesen außergewöhnlichen Mann. Whitefield war eine Persönlichkeit, die, wie auch Martyn, in Amerika ebenso viel geistlichen Einfluss hatte wie in seiner britischen Heimat.

Die Glaubensvorbilder des 18. Jahrhunderts, wie George Whitefield, Daniel Rowlands (der wie Martyn aus Llangeitho in Wales stammte) und Jonathan Edwards in Amerika – sie alle haben Martyn stark beeinflusst.

Martyn stimmte mit ihnen überein, weil er davon überzeugt war, dass sie die Bibel treu und richtig auslegten, und nicht, weil sie große Männer waren. Sie waren Menschen, die für den Herrn lebten und offen für Ihn brannten, und das in einer Zeit, in der jede Art von Hingabe für Christus nicht gerade populär war.

Was diese Menschen mit Martyn gemeinsam hatten, war die Art und Weise, wie sie Lehre und Praxis miteinander verbanden. Manche von ihnen waren Absolventen der besten Universitäten, wie der Oxford University in England oder der Yale University in Amerika. Und doch waren sie demütig und voller Leidenschaft für das Reich Gottes, als ein starker Gegensatz zu den eher passiven Zeitgenossen, für die der christliche Glaube eine bloße intellektuelle Kuriosität und formale Befolgung von Regeln war. Waren sie leidenschaftliche Intellektuelle? Kluge Enthusiasten? Männer wie George Whitefield und Jonathan Edwards konnten mit den größten Gelehrten ihrer Zeit über das kraftvolle Evangelium sprechen, so wie Martyn es mit den klügsten Professoren seiner Zeit tat. Und doch konnten sie in einer solchen Einfachheit predigen, die Bergleute, Fabrikmädchen, Analphabeten, Dienstboten und Ausgegrenzte erreichte, wodurch Gott Tausende zum lebendigen Glauben an Jesus Christus bekehrte. Tatsächlich bekehrten sich in dieser Zeit so viele Menschen, dass man in Großbritannien und in Amerika von der »Großen Erweckung« sprach.

Es gab nur wenige Dinge, die Martyn mehr liebte, als von Erweckungen zu lesen, was im britischen Englisch »Zeiten von besonderem Segen Gottes« bedeutet, in denen das Leben von Christen verwandelt wurde und zahlreiche Nichtchristen bekehrt wurden. Bethan hatte in den Jahren 1904-1905 die Erweckung von Wales erlebt. Martyn hatte vor allem in den Jahren 1929-1931 in Wales in seinem eigenen Dienst einige recht bemerkenswerte Dinge erlebt. Auch predigte er in der Westminster Chapel über Erweckung und hielt häufig Vorträge darüber. Leider erlebte er zu seinen Lebzeiten keine weitere einschneidende Erweckung in Großbritannien, so sehr er sich auch danach sehnte und dafür betete. Aber die wunderbare Art und Weise, in der Gott in solchen Zeiten wirkt, hat ihn immer wieder fasziniert.

Einer der Orte, an denen er oft predigte und über Erweckung sprach, war die »Puritan Conference«. Diese Predigten hatten eine große Wirkung auf die jungen Menschen, die in Oxford studierten, zu der Zeit, als auch Elizabeth dort war.

Das College-Essen war damals wahrscheinlich so fade wie viele Schulmahlzeiten heute. Deshalb gingen diese Studenten manchmal gemeinsam in einem sehr günstigen Restaurant namens »The British Restaurant« essen.

»Ich habe eine großartige Reihe alter Bücher von jemandem gefunden, der vor über 300 Jahren hier in Oxford war«, sagte Jim, einer der Studenten mit einem scharfen Verstand und einem starken West-Country-Akzent. »Sie ist zwar ziemlich alt, aber sie ist heute immer noch so überaus nahrhaft«, schwärmte er. »Die Menschen waren damals genauso wie wir heute: dieselben Sorgen, Ängste und Hoffnungen. Nehmen wir zum Beispiel den endlosen Kampf, den wir alle haben, wenn wir versucht sind, Dinge zu tun, von denen wir wissen, dass wir sie nicht tun sollten, und nicht das zu tun, was wir tun sollten.«

Kommt dir das bekannt vor? Nun, diese Menschen, wie John Owen im 17. Jahrhundert, wussten das alles. Sie schrieben sogar über ihre eigenen Kämpfe mit der Sünde. Sie nannten solche Kämpfe das Problem der »innewohnenden Sünde« und benutzten vergleichbare Ausdrücke, die wir heute nicht mehr verwenden. Diese Menschen wurden »Puritaner« genannt. Wir stellen sie uns manchmal als mürrisch und trostlos vor, aber eine solche Karikatur könnte nicht weiter von der Wahrheit entfernt sein. Die Puritaner, so erzählte Martyn oft den Studenten, waren Realisten.

»Sie wussten alles über das Leben, über die Praxis oder das, was sie als experimentelles Christentum bezeichneten«, sagte er zu ihnen, nachdem er festgestellt hatte, dass sie sein Interesse an den Puritanern teilten. »Schaut euch nur den großen christlichen Klassiker ›Die Pilgerreise‹ von John Bunyan an. Heute lesen wir sie, weil sie ein Teil der klassischen alten Literatur ist, aber viel mehr noch, weil sie ein wunderbares Bild für all die Kämpfe ist, die wir als Christen in unserem alltäglichen Leben durchmachen. Wir alle haben das schon durchgemacht, auch wenn wir andere Worte benutzen, um die gleichen Erfahrungen zu beschreiben.«

Viele andere Christen entdeckten dank Martyn und auch dank Jim die Puritaner und die erstaunliche Art und Weise, in der Menschen, die vor 300 Jahren lebten, eine so tiefe, faszinierende Bedeutung für uns heute haben. (Als Jugendlicher habe ich J.I. Packers großen Klassiker »Gott erkennen« gelesen, und er wird auch heute immer noch gedruckt; es ist ein Buch, das – wie Martyns Klassiker »Geistliche Krisen und Depressionen« – Millionen von einfachen Christen weltweit geholfen hat.)

»Die Puritaner waren realistisch,« erläuterte Martyn weiter, »genauso wie die Bibel realistisch ist. Sie wussten, wie auch die Menschen in der Bibel, dass das Christenleben oft ein harter Kampf ist.«

Lies Martyns Bücher, und du wirst feststellen, wie er die klare biblische Lehre auf das praktische Leben angewandt hat. Wie er oft von Höhen und Tiefen des Lebens gesprochen hat und dabei biblische Prinzipien weitergab, wie man geistliche Krisen überwindet. Lass dich ermutigen! Wie oft hast du schon den Eindruck gehabt, dass niemand ein ähnliches Problem habe wie du?!

»Ich fühle mich so allein«, sagst du. Ist es nicht wunderbar festzustellen, dass viele Menschen genau wissen, wie du dich fühlst, weil sie es auch schon erlebt haben? Und plötzlich bist du nicht mehr allein.

»Deshalb sind die Puritaner des 17. Jahrhunderts und die Christen, die ihnen im 18. Jahrhundert folgten, so wichtig für uns«, würde Martyn dir jetzt antworten, »weil sie uns zu erkennen helfen, dass alles, womit wir heute zu kämpfen haben, nur eine aktuelle Version von genau denselben Dingen ist, mit denen sie damals zu kämpfen hatten. Die Technologie hat sich zwar verändert, mit all den Autos, Computern und Flugzeugen, aber die menschliche Natur ist die gleiche geblieben. Im 21. Jahrhundert, im 17. Jahrhundert – und zurück bis in die biblischen Zeiten – machen wir alle die gleichen Dinge durch.«

Einige Prediger sind so begeistert von den Puritanern, dass sie alle ihre Bücher kaufen und lesen. Vielleicht hast du ja schon einmal gehört, wie eifrige Prediger heute oft von den Puritanern sprechen.

»Wir können viel von ihnen lernen«, sagte Martyn immer wieder. »Sie sind für uns gute Vorbilder. Natürlich müssen wir alles prüfen und das gute Behalten.«

Die bibelfundierte Lehre, die sie zum Ausdruck brachten, sind für Menschen des 1. und für Menschen des 21. Jahrhunderts, wie dich oder mich, gleichermaßen relevant. Vielleicht bist du schon zu einem reiferen Christen gegangen und hast gesagt: »Ich habe echte Schwierigkeiten mit dem Problem A« – was auch immer das Problem oder der Kampf sein mag –, und er hat geantwortet: »Lieber Freund, ich werde für dich beten, denn ich kann dich gut verstehen. Du bist nicht der erste, der in eine Not geraten ist. Schau einfach in die Bibel, die sagt, dass Jesus *›in allem versucht worden ist in ähnlicher Weise [wie wir]‹ (Hebr. 4,15)*. In allem! Jeder quälende Gedanke, den du jemals hattest – Jesus wurde vor dir in Versuchung geführt und hat sie überwunden. Also wirf alle deine Sorgen auf Ihn!«

Außerdem ist die Bibel, wie Martyn betonte, voll von Geschichten, in denen Gottes Volk mit diesem und jenem ringt. Die Bibel macht deutlich, dass wir uns in einem ständigen Kampf mit dem Teufel befinden, der unser geistliches Leben so schwierig und unglücklich wie möglich machen will. Als Christen befinden wir uns in einem lebenslangen Kampf, der erst endet, wenn wir sterben. Aber wie Paulus in seinem Brief an die Epheser in dem wunderbaren Vergleich eines Christen mit einem Soldaten zeigt, lässt Gott uns keineswegs hilflos im Stich. Wir haben den Heiligen Geist in uns, haben die Bibel, die uns leitet, und die geistliche Waffenrüstung, mit der wir uns verteidigen können. Dies ist ein viel realistischeres Bild des Christenlebens als das, was manche uns heute glauben machen wollen.

Außerdem steckt in der Bibel die eigentliche Wahrheit – und nicht in dem, was jene fehlgeleiteten Evangelisten sagen: »Kommt zu Jesus, und alle eure Probleme werden gelöst sein.« Das entscheidende Problem unserer Beziehung zu Gott wird natürlich gelöst, wenn wir wahre Christen werden. Aber gleichzeitig werden wir in dem Moment, in dem wir uns bekehren, Jesu Nachfolger und Satans Feinde. Wir werden geistliche Kämpfe und Schlachten erleben, die wir uns nicht vorstellen können.

Wie wir gesehen haben, konnte Martyn nach seiner Ausbildung zum Arzt und seiner Arbeit als Prediger in jener rauen Gegend von Wales während der Wirtschaftskrise in den 1930er-Jahren nichts mehr so leicht erschüttern. Er war der freundlichste, geduldigste und überaus verständnisvollste Großvater, den man sich vorstellen kann.

Wenn ich als Jugendlicher mit einem Problem, einer Sorge oder einem belastenden Gedanken zu ihm kam, konnte er mir anhand der Heiligen Schrift einen Rat geben, was viele heute völlig vernachlässigt haben.

»Siehst du«, erklärte er immer ruhig und liebevoll und schenkte einem dabei seine volle Aufmerksamkeit, »solche Gedanken kommen aus deinem Inneren. Sie sind das Werk des Teufels, der dich angreift und versucht, dich entweder dazu zu bringen, Gott nicht zu gehorchen, oder dich so unglücklich zu machen, dass du dich wie gelähmt fühlst und nicht in der Lage bist, die Art von Christenleben zu führen, zu der du berufen bist. Es ist keine Sünde, in Versuchung zu geraten oder vom Teufel geistlich angegriffen zu werden. Aber es ist eine Sünde, der Versuchung nachzugeben oder sich vom Teufel lähmen zu lassen, sodass man untätig bleibt.« Dann erklärte er, wie man mit der Versuchung umgeht, wie man das bekämpft, was die Bibel »die listigen Kunstgriffe des Teufels« nennt (Eph. 6,11), den der Apostel Petrus in seinem ersten Brief als brüllenden Löwen beschreibt, der umhergeht und sucht, wen er verschlingen kann, und dem zu widerstehen Jakobus uns auffordert (1.Pt. 5,8; Jak. 4,7).

Als die Puritaner also ihre großartigen Klassiker schrieben, wie John Owen das Buch »Was jeder Christ wissen muss«[4],

---

4 John Owen, *»Was jeder Christ wissen muss …«*, VOH-Verlag.

beschrieben sie damit das reale Leben. Da Martyn Geschichten über Erweckungen liebte, hatte er eine persönliche Vorliebe für die Giganten des 18. Jahrhunderts. Er bewunderte aber auch sein Leben lang die Puritaner des 16. und 17. Jahrhunderts. Denn die Lehre ist niemals langweilig – nicht, wenn sie richtig gelehrt und angewendet wird. Das war auch immer Martyns Bestreben gewesen, ob er nun jeden Sonntag vor Tausenden von Menschen predigte, ob er seine Predigten zu Büchern verarbeitete, die von Millionen von Menschen gelesen werden, oder ob er unter vier Augen mit einfachen Christen über die alltäglichen Kämpfe des Lebens sprach. Unser christlicher Glaube ist immer von Bedeutung, und Gottes Leitfaden für uns, die Bibel, ist daher auch heute für uns äußerst wichtig.

Wie Martyn uns gezeigt hat, sollten wir uns vielmehr von der Bibel leiten lassen und nicht nur von den großartigen Christen der Vergangenheit. Doch ihre Schriften, ihre Kämpfe und ihre Einsichten können uns helfen, Dinge in der Bibel zu erkennen, die wir sonst vielleicht übersehen würden. Ihre Fehler können uns helfen, ähnliche Fehler heute zu vermeiden. Ihr Vorbild darin, wie wir »brennende« Christen sein können – brennend für Gott und für Sein Reich, brennend darin, die Art von Christenleben zu führen, die Gott wohlgefällig ist –, kann uns heute ermutigen.

Die Christen damals hatten auch ihre Kämpfe, wie wir heute. Viele Christen von heute wollen »cool« und modebewusst sein, so wie alle anderen um sie herum. Sie wollen nicht als andersartig auffallen. Als wahre Christen wissen wir, wie schwer es ist, gegen den Strom zu schwimmen; denn während wir vielleicht nur als »eifrig«, »fromm« oder »langweilig« ausgelacht werden, kamen viele Puritaner für ihre Überzeugungen ins Gefängnis. Das ist ein Schicksal, das viel schlimmer ist als alles, was wir heute zu erleiden haben.

Wenn man Martyn also auslachte oder sich über seine Ideen lustig machte, so wusste er, wie auch wir, dass es Christen gab, die schon lange vor ihm schwere Zeiten durchgemacht hatten. Vor allem wussten die Puritaner und die Nachfolger Jesu im 18. Jahrhundert, wie faszinierend der christliche Glaube sein kann. Es war ja auch nicht verwunderlich, dass sie so begeistert waren. Sie besaßen das Aufregendste überhaupt, worüber sie sich freuen konnten: das neue Leben in Jesus Christus!

Einige von euch kommen aus Gemeinden, wo viel Programm im Gottesdienst angeboten wird. Wie viel solide Bibellehre gibt es bei euch? Kommt es dir so vor, als ob die Bibel und ihre Lehre langweilig seien? Wie kann etwas so Spannendes langweilig sein? Einige von euch kommen aus Gemeinden, die sehr »fundiert« sind, mit Auslegungspredigten und korrekter Lehre. Aber wie viel Anwendung derselben gibt es in eurer Gemeinde – und zwar die Anwendung der biblischen Wahrheit? Wie viel »Eifer für den Herrn«, wie die Puritaner sagen würden, ist vorhanden?

»Theologie«, so beschrieb Martyn einmal das Predigen, »wird durch einen Mann vermittelt, der brennend ist.« Kopf und Herz, Herz und Kopf – beides ist uns von Gott geschenkt, nicht das eine oder das andere. Das ist das große Geschenk Gottes, das Martyn in der Bibel, in den Werken und im Leben der Puritaner und in den großen Erweckungen des 18. Jahrhunderts wiederentdeckt hat.

Was nun wirklich aufregend ist und eine Herausforderung für uns in diesem Zeitalter, in dem wir leben, ist die Tatsache, dass auch wir ein solches Christenleben führen können: voller Hingabe für Christus! Lass die Flamme des Geistes Jesu durch Sein lebendiges Wort deinen Glauben brennend erhalten – ein Feuer, das nie erlöschen wird!

Weitere Themen zum Nachdenken

Dein Glaube

Martyns Berufung bestand unter anderem darin, sich der Arbeit unter Jugendlichen zu widmen. Dazu gehörten die Mitstudenten seiner Tochter, aber später vor allem auch seine Enkel. Für ihn waren sie ebenfalls eigenständige, intelligente Menschen. Er ermutigte sie und spornte sie dazu an, sich selbst Gedanken zu machen und zu eigenen Schlussfolgerungen zu kommen, die auf der Bibel gegründet sind. Und das solltest du auch tun. Wir sollten nicht einfach alles so übernehmen, nur weil wir es nicht anders kennen. Wir sollten es immer wieder neu anhand von Gottes Wort überprüfen.

Besonders das war Martyn wichtig zu vermitteln: Nur weil man als Kind christlicher Eltern geboren wurde, heißt das noch lange nicht, dass man selbst ein Christ sei. Martyns Eltern waren Kirchgänger. Damals gingen die meisten Leute in die Kirche, auch wenn ihre Anzahl schon zu jener Zeit rapide zurückging.

- *Aber ist man automatisch ein Christ, wenn man aus einem christlichen Elternhaus kommt?*
- *Macht einen die Zugehörigkeit zu einer Familie, die zur Kirche geht, zu einem Christen?*
- *Was macht jemanden denn tatsächlich zu einem echten Christen?*

Vielleicht hast du noch nie darüber nachgedacht, was Christsein wirklich bedeutet. Warum nimmst du dir dann nicht einmal eine Bibel zur Hand und liest still für dich selbst eines der Evangelien?

- *Denke darüber nach, was dich zu einem Christen macht. Finde heraus, was Gott in Seinem Wort darüber sagt.*
- *Was musst du erkennen, wenn du dich an dem Maßstab des Herrn Jesus Christus misst?*
- *Bist du ein echter Christ?*
  Oder ist dein christlicher Glaube nur etwas,
  das du aus zweiter Hand, von anderen Menschen,
  übernommen hast?

Denke gut darüber nach
und finde es heraus!

Dein Leben

Was waren die wichtigsten Einflüsse in deinem bisherigen Leben? Was hat dich zu dem gemacht, was du heute bist? Wir alle kommen aus sehr unterschiedlichem Hintergrund. Martyn kam aus dem seinen, ich aus dem meinen und du aus dem deinem. Sieh dir mal deine Eltern an. Vielleicht hatten sie ursprünglich beide einen ganz anderen Hintergrund.

Martyn Lloyd-Jones war kein wohlhabender Mann. Seine Tochter wuchs in sehr einfachen Verhältnissen auf, ihr Mann hingegen in einer sehr wohlhabenden Familie, in der Geld nur selten ein Problem darstellte. All diese Dinge prägen uns in vielerlei Hinsicht.

Wie viel von deinem Leben hältst du für selbstverständlich? Hat es dich zum Guten geformt? Oder gab es darin Dinge, die sich, wenn du näher darüber nachdenkst, als nicht hilfreich erwiesen haben? Was davon hat dir geholfen, Gott besser kennenzulernen? Glaubst du wirklich, dass dir irgendetwas »einfach passieren« kann? Oder hat Gott bei allem ein Wörtchen mitzureden? Kannst du zurückschauen und sagen: »Also, das war eine schmerzhafte Zeit, aber Gott hat mich dabei wirklich etwas gelehrt«? Oder: »Das war wundervoll! Ich darf es nie vergessen, Gott zu danken für alles, was Er mir gibt und für mich tut.«

Schau dir mal die Briefe in der Bibel an, wie die von Paulus an Timotheus, und du wirst sehen, wie Gott unser Leben in die von Ihm gewünschte Richtung lenkt.

Deine Zukunft

Was möchtest du gerne werden? Oder vielleicht sollte ich das anders formulieren: Warum willst du das werden, was du werden möchtest? Entspricht dein Wille diesbezüglich auch dem Willen Gottes? Geht es dir nur ums Geld? Oder darum, Menschen zu beeindrucken? Selbst in den sogenannten »Pflegeberufen« kann man aus falschen Gründen tätig werden. »Ist sie nicht wunderbar? Sie ist Krankenschwester …!« »Es muss großartig sein, ein Missionar zu sein!« Ja, wir können sogar christliche Mitarbeiter in Vollzeit werden, während wir mit halbem Auge auf das Lob schielen, das wir dabei von anderen Christen ernten können.

Viele von euch gehen vielleicht direkt von der Schule aus in einen Beruf über. Diejenigen, die eine Hochschule oder Universität besuchen, können ein Studienfach wählen, das zu einer bestimmten beruflichen Karriere führen kann.

Deshalb stelle dir selbst die Frage bezüglich deiner Berufswahl:

- *Was motiviert mich zu dieser Wahl?*
- *Wie kann ich diesen Beruf mit dem christlichen Glauben vereinbaren?*

Gegen ein hohes Gehalt ist an sich nichts einzuwenden – wir brauchen Christen in der Geschäftswelt, die zum Beispiel christliche Maßstäbe in der Fabrikhalle oder im Management-Team einbringen. Aber was sind unsere Beweggründe? Selbst in weniger gut bezahlten Berufen können wir uns vom Wettlauf um Beförderung vereinnahmen lassen und somit anderes höher stellen als Gott.

Christlicher Dienst bildet da keine Ausnahme: Martyn Lloyd-Jones schrieb einmal über das Problem, dass Menschen so viel Zeit mit der Gemeindearbeit verbringen, dass sie dabei ihre Ehepartner und Kinder vernachlässigen. Denke daran: Wir sollen Gott gehorchen und Ihm gefallen, nicht Menschen. Wir sollen die Prioritäten nach Seinen Maßstäben setzen.

Wie kommst du damit zurecht? Auf welcher Grundlage triffst du eine Entscheidung? Sei dir bewusst: Oft treffen wir in unserer Jugend Entscheidungen, die den Rest unseres Lebens bestimmen werden. Wofür du dich heute entscheidest, kann deine Zukunft beeinflussen!

Dein Ziel

Martyn gab allen Ruhm und Reichtum auf, um sich der Arbeit unter den Armen und Benachteiligten zu widmen. Doch das Resultat war ziemlich erstaunlich: Durch seine Predigten und Schriften wurde er zwar nicht reich, aber dennoch sehr bekannt. – Was sind unsere Prioritäten? Was streben wir im Leben an? Und vertrauen wir Gott wirklich, dass Er uns durch das führt, von dem wir glauben, dass Er es von uns will?

Als Martyn die hellen Lichter Londons, die Verbindungen zur High Society und die Aussicht auf eine hervorragende medizinische Karriere aufgab, wusste er nicht, dass Gott ihn mit einem internationalen Dienst segnen würde, der ihm einen Einfluss verschaffte, der weit über alles hinausging, was er als Spitzenmediziner jemals hätte erreichen können. Alles, was er wusste, war, dass Gott ihn berufen hatte, in den Slums von Aberavon zu leben und zu arbeiten.

Es war nie Martyns Ziel gewesen, berühmt zu werden. Ein solcher Gedanke war ihm ohnehin völlig fremd. Dennoch wurde er in seinen späten Vierzigern weltweit bekannt, wie er es noch bis heute ist.

Was möchtest du erreichen? Ruhm? Reichtum? Oder willst du das tun, was Gott von dir wünscht? Selbst wenn du das tust, wirst du nicht unweigerlich Ruhm als Belohnung erhalten. Die meisten von uns erreichen bei Weitem nicht die Bekanntheit eines Martyn Lloyd-Jones. Aber wir können mit ihm die innere geistliche Zufriedenheit teilen, zu wissen, dass wir den Willen Gottes tun.

Dein Trost

Wie oft denken wir, dass wir mit unseren Problemen allein dastünden! Scheinbar hat es keiner so schwer wie wir! Doch wenn wir die Bibel lesen, entdecken wir, dass die großen Glaubensvorbilder bereits vor uns an diesem Punkt angekommen waren. Elia nach dem Sieg auf dem Berg Karmel, die Jünger nach der Kreuzigung, Timotheus wegen seiner Ängste – all diese Menschen haben auch schwere Zeiten durchgemacht. Schau dir nur mal die Psalmen an, vor allem einen solchen wie Psalm 73 (über den Martyn in seinem Buch »Schritt für Schritt: Raus aus der Resignation« geschrieben hat). Lies die Autobiografien von Glaubensvorbildern (vor allem die der Puritaner, die so erfrischend ehrlich sind), und du wirst entdecken, dass sie all die Höhen und Tiefen durchgemacht haben, die wir heute ertragen müssen. Lies Martyns Buch »Geistliche Krisen und Depressionen«. Kommen dir viele der dort genannten Probleme nicht bekannt vor? (Vielleicht geht es dir ja in diesem Moment genauso; die Jugendzeit scheint der Teil des Lebens zu sein, in dem man offen und ehrlich über seine Höhen und Tiefen sprechen kann.)

Die Bibel ist ein sehr praxisorientiertes Buch. Sie ist das Buch, das absolut lebensnah ist. Gott, unser Schöpfer, hat die Bibel inspiriert. Es ist also nicht verwunderlich, dass Gottes Wort uns den praktischen Leitfaden gibt, den wir brauchen, um uns den Weg durch die Höhen und Tiefen des Lebens zu zeigen.

Schlag einmal die untenstehenden Verse nach! Denn die Bibel sagt uns eine Menge darüber, wie wir uns fühlen und verhalten sollen. Denk darüber nach, was uns diese Verse über das Gefühl der Niedergeschlagenheit sagen. Wenn du das nächste Mal traurig bist, dann erinnere dich daran, dass Gott versteht, wie wir uns fühlen. Unser Verhalten erzürnt

Ihn manchmal, denn Er ist nicht etwa ein Gott, der keine Gefühle hätte. Nach dem Lesen dieser Verse wäre es vielleicht eine gute Idee, dich mit deiner Bibel und einer Konkordanz hinzusetzen. Eine Konkordanz ist ein Verzeichnis verschiedenster Themen und Wörter in der Bibel. Geh die Verse durch, die sich mit Kummer, Sünde und Schwierigkeiten befassen. Bete, bevor du die Bibel liest, dass Gott dich aus Seinem Wort belehren möge! Schreibe auf, was du daraus lernst, damit du dich später daran erinnern kannst, was Gott dich gelehrt hat.

Verse:

Psalm 16,4
Psalm 32,5
Psalm 38,19
Psalm 69,4
Psalm 130,1
Psalm 116,3
Jesaja 35,10
Jesaja 53,3
Markus 14,34
2. Korinther 7,10
2. Korinther 6,10

Deine Hoffnung

Als Jugendlicher scheint dir der Tod in weiter Ferne zu liegen, vor allem dann, wenn vielleicht deine beiderseitigen Großeltern noch leben. Aber vielleicht ist der Tod eines Familienmitglieds, einer alten Person in der Gemeinde oder sogar eines Freundes für dich nichts Unbekanntes mehr. Drei meiner Schulfreunde starben bei einem Autounfall in Südamerika, kurz nachdem sie die Schule verlassen hatten. Der Bruder eines Freundes beging Selbstmord. Alle diese Todesfälle ereigneten sich in meiner Jugendzeit und um diese herum.

Wenn wir jung sind, ist es nur natürlich, dass wir meinen, wir seien quasi unsterblich. Wir haben unser ganzes Leben noch vor uns, und wenn wir in westlichen Ländern leben, ist das statistisch gesehen wahrscheinlich auch der Fall. Doch wie uns Jesus in mehreren Gleichnissen erinnert, kann der Tod so plötzlich kommen wie ein Dieb in der Nacht. Vermutlich werden wir mindestens 60 oder 65 Jahre alt werden. Aber eine Garantie dafür gibt es nicht. Außerdem könnte es sein, dass du plötzlich von einer schweren Krankheit heimgesucht wirst, die deine Pläne durchkreuzt, wie es mir mit Ende 30 passiert ist. Das könnte dich dazu zwingen, unerwartete Änderungen vorzunehmen. (Mir geht es übrigens wieder besser; aber ich hatte Freunde, bei denen das nicht der Fall war.)

Durch den Tod werden wir gezwungen, uns der letztgültigen Realität zu stellen: Nichts kann uns helfen, dem Tod zu entgehen. Er wird kommen! Wenn du miterlebt hast, wie Menschen, die du gut kanntest, gestorben sind – wie hast du darauf reagiert? Wie haben andere Menschen, die du kennst, auf den Tod reagiert? War die verstorbene Person überhaupt ein Christ? Sind ihre Freunde und ihre Familie Christen? Ein Freund von mir, der nicht viel älter war als ich, starb vor nicht allzu langer Zeit und hinterließ seine Frau von Anfang 30 mit ihren zwei kleinen Kindern. Es war eine Tragödie für die Hinterbliebenen, dass er so jung aus dem Leben gerissen worden war. Doch obwohl wir alle traurig waren, vor allem seine Familie, wussten wir genauso wie sie, dass die Seele von Graham jetzt im Himmel ist.

Als der Vater von jemandem in meiner Gemeinde starb, war er in seinen Achtzigern. Das mag in unseren Augen vielleicht ein angemesseneres Alter sein, aber nicht weniger traurig für seine Tochter. Die Beerdigung des alten Mannes war eine Feier für ein Leben, das in Christus gelebt worden war. Grahams Beerdigung war – auch wenn sein Tod so früh eintrat – das gleiche. Für Christen ist der Tod nicht mehr der letzte Feind.

- *Wie gehst du mit solchen Fragen wie dem Tod um?*
- *Was hat für dich Priorität?*
- *Was sind die entscheidenden Realitäten in deinem Leben?*

Denn nur in Christus finden wir das ewige Leben! Gilt das auch für dich? Ich bete, dass du es erkennen mögest – und dabei meine ich alle, die dieses Buch lesen werden. Martyn hätte es nicht anders gewollt.

»Tod, wo ist dein Stachel? Totenreich, wo ist dein Sieg?« (1.Kor. 15,55).

Martyn Lloyd-Jones
Lebenslauf

1899 Martyn Lloyd-Jones wird geboren

1901 Königin Victoria stirbt im Alter von 81 Jahren

1910 Feuer im Hause der Familie Lloyd-Jones

1912 RMS Titanic sinkt im Nordatlantik

1917 Martyn beginnt in London seine Ausbildung zum Arzt

1919 Hurrikan-Fluten 16 Fuß über dem Normalwert.
280 Menschen ertrinken entlang der Golfküste von Texas.

1921 Martyn beginnt seine Arbeit als Assistenzarzt des königlichen Leibarztes, Sir Thomas Horder

1922 Großbritannien gewährt Ägypten die Unabhängigkeit

1924 Malcolm Campbell stellt mit 146,16 mph (das sind ca. 235,22 km/h) einen Geschwindigkeits-Weltrekord auf

1927 Martyn kehrt nach seiner Heirat
mit Bethan Phillips nach Wales zurück

Tochter Elizabeth wird Ende Oktober geboren

1932
Hagelkörner töten 200 Menschen
in der Provinz Hunan, China

1937
Zweite Tochter, Ann, wird geboren

1938
Erstes mit Radar ausgestattetes Passagierschiff

1939
Martyn wird zum Pastor der Westminster
Chapel, London ernannt

Beginn des Zweiten Weltkriegs

1950
Die Knesset in Israel beschließt,
dass Jerusalem die Hauptstadt Israels sein soll

1968
Martyn zieht sich nach einer schweren Operation
vom Dienst in der Westminster Chapel zurück

1969
Die Apollo 10 sendet die ersten Farbbilder
der Erde aus dem All

1970
Erste Veröffentlichung von Martyns 14-bändiger Serie
von Kommentaren zum Römerbrief

1975
Phnom Penh fällt an die kommunistischen Rebellen;
Ende des fünfjährigen Krieges in Kambodscha.

1980
Martyn hält am 8. Juni seine letzte Predigt

1981
Martyn Lloyd-Jones stirbt

WEITERE GLAUBENSVORBILDER

Nehmt euch ihren Glauben zum Vorbild!

»Gedenkt eurer Lehrer, die euch das Wort Gottes gesagt haben; ihr Ende schaut an und folgt dem Beispiel ihres Glaubens!« (Hebräer 13,7)

Der Schreiber des Hebräerbriefs fordert die Leser auf, an die geistlichen Lehrer zu gedenken. An die, die das Wort Gottes zu ihnen gepredigt und es gelehrt haben.

»Gedenkt an sie – an ihr Predigen, ihr Beten, ihren Rat, ihr Vorbild. Strebt nach der Gnade des Glaubens, durch den sie so gut lebten und starben. Schaut das Ergebnis ihres Lebenswandels an. Verpflichtet euch, dem gleichen wahren Glauben zu folgen, in dem eure Lehrer euch unterwiesen haben.«

Matthew Henry

Wie dankbar können wir sein, dass in der Vergangenheit viele geistliche Vorbilder gewesen sind. Einige dieser Vorbilder sind in Vergessenheit geraten, andere kennen wir noch. Gewisse Prediger und Autoren sollten wir kennen, und dabei müssen wir ihr Leben anschauen – wie sie Gott bis ans Ende vertrauten – und uns ihren Glauben zum Vorbild nehmen.
